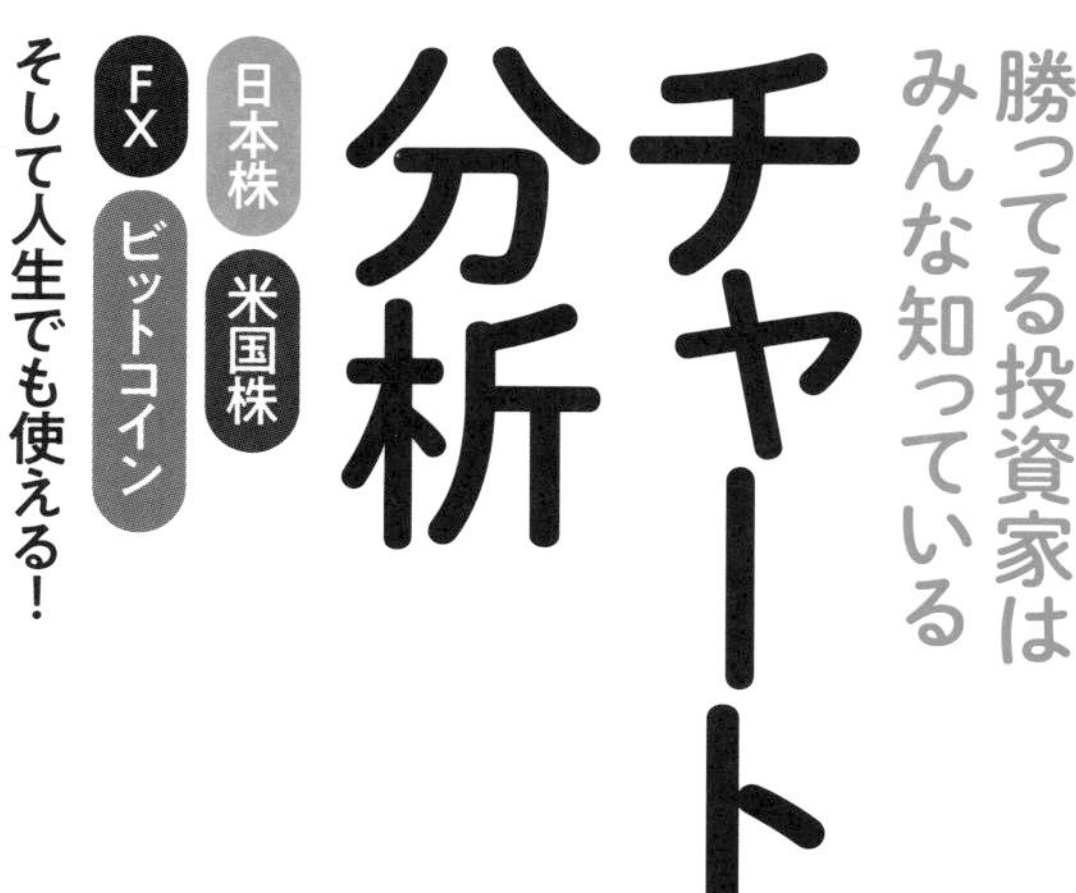

勝ってる投資家は
みんな知っている

チャート分析

日本株　米国株
FX　ビットコイン
そして人生でも使える！

マネックス証券
マネックス・ユニバーシティ
福島 理・著

扶桑社

まえがき

この本を書いている2021年2月、米国株が史上最高値を更新し、日経平均株価もバブル崩壊後の最高値を更新しています。また、代表的な暗号資産（仮想通貨）であるビットコインも連日の史上最高値更新が続いています。私が所属するマネックス証券でも、米国株や日本株、暗号資産CFD（差金決済取引）などに新たなお客さまが続々と参戦しています。

しかし、これらのマーケットにはプロの投資家も多く、個人投資家が勝ち抜いていくためには、ある程度の知識やテクニックが必要不可欠です。そこで最も頼りになるのが、「テクニカル分析（チャート分析）」です。私自身、今ではネット証券に勤務しているため、投資できる金融商品や売買タイミングは制限されていますが、過去には何の知識も持たないまま日本株を購入し、幾度となく痛い目を見てきました。

2000年のITバブルが崩壊した頃、当時の会社の先輩T氏に勧められて日本株を購入したのが、初めての株式投資でした。何となく株価チャートを眺めて、下がっているからチャンスだと思い、日立製作所を1000株購入したのですが、それが地獄の始まりでした。

私が買ったのを見計らったかのように、日立製作所がものすごい勢いで下落し始めたのです。損切りをする勇気もなく、指をくわえて何日も急落を見ていました。翌日のマーケットが気になって、睡眠不足に陥ったのもこの時期です。ほかにも買いたい銘柄があったので購入したものの、その銘柄も次々と下落してしまいます。最初は中長期投資のつもりでしたが、そのうち、数日から数週間のスイングトレードに投資スタイルを変更。さらには売買がエスカレートして、1日で決着をつけるデイトレードを始めるようになりました。しかし、いつまでたっても利益が出ません。

何となくチャートは見ていたものの、あの頃の私は、値ごろ感など自分の感覚だけでトレードをしていたのでしょう。ある日、それまでの損失を諦めつつも、最後のチャンスと考えて、チャートとテクニカル分析を勉強しました。自身のリアルマネーですので、学校の勉強とは比較にならないくらいの情熱を注ぎ込みました。

徐々にですが、買いのタイミング、売りのタイミングがフィットし始め、勝率もよくなりました。その後、大きな上昇トレンドに乗ることができ、過去の損失を取り戻して収支は大幅なプラスに転じました。

例えば、株式投資には、「テクニカル分析」と「ファンダメンタルズ（経済の基礎的要因）分析」という2つの分析手法があります。しかし、企業の将来性や業績などに基づくファンダメンタルズ分析は、証券会社のアナリストなどの専門家にはとうてい太刀打ちできません。

一方、チャートを活用したテクニカル分析では、私たち個人投資家も株の専門家と同じ情報を得ることができますし、今ではネット証券が提供する情報ツールで簡単にテクニカル分析ができるようになりました。そして、敏腕アナリストがいち早く得られる情報がどのように株価に影響してきたかなども、すべて過去のチャートに反映されているというのが、テクニカル分析の考え方なのです。

これまで株やFX（外国為替証拠金取引）などで苦い経験をしている投資家の方々。また、これから投資にチャレンジしようと考えている方々。テクニカル分析は知らないのと知っているのとでは、間違いなく大きな差が生まれます。難しく考える必要は

ありません。最初は最低限必要となる数パターンを覚え、徐々に分析の幅を広げていけばいいのです。

また、様々なテクニカル分析をひとつの銘柄に当てはめて検証していくと、どのテクニカル分析がピタリと当てはまるかなど、銘柄のクセもつかめるはずです。

本書で紹介しているテクニカル指標やチャートパターンを身に付ければ、日本株も米国株も、ＦＸも暗号資産もすべてのトレーディング商品への投資に役立つはずです。そして、そんなテクニカル指標やチャートパターンは、何となく生活の一部に当てはまるものもあります。本書では、そのイメージをつかんでいただくために、各Ｐａｒｔの冒頭にマンガを入れています。

テクニカル指標やチャートパターンを知っていただき、勝てる投資家、負けない投資家を目指しましょう!!

２０２１年２月吉日　福島　理

Contents

勝ってる投資家はみんな知っている
チャート分析
日本株 米国株 FX ビットコイン
そして人生でも使える！

Part 7

あっ、その運転、危ない…

ボリンジャーバンド

Part 8

雲を抜ければパラダイス

一目均衡表

Part 1

過去の高値と安値

幸せの絶頂、不幸のどん底

人生には、幸せの絶頂期もあれば、
忘れ去りたい〝黒歴史〟もあるもの。
そんな歴史を示すのが、
チャートの高値と安値なのです。

○○区
○○会社
営業マン
入社1年目
かず流(る)
優しい先輩
みい咲(さ)
営業部　部長

会議室
Meeting Room
過去の高値と安値
これが
わが社が
近々売り出す
新商品だ
ドーン
人生にも
役立つ
必勝小麦粉
みんな
気合を入れて
売り込んでくれ！
ハイ！
ひょこ
みんなどうやって
売り込んでるん
ですかねぇ
もー…
少しは自分で
考えなさいよ
びくっ
エー…
早
直接
聞いちゃえ!!
ダッ
部長！
部長は
伝説の営業マン
だったんですよね

これまでの
成功体験を
教えてください
ついでに
失敗体験も…
ぐっ
ニッ
それをまねして
営業成績を
上げようって
わけか？
おもしろいなキミは…
やっぱり
ダメですか？
はあ……
まったく
単純なんだから
いや
過去の経験を
知っておくことは
とても重要だ
営業成績
1位！
それを知っていれば
無駄な努力も
少なくて済むし
前の谷を
下回らないよう
頑張った
ヨシッ！
すご〜い!!
若かりし頃の部長
山もあったし
谷もあったけど
右肩上がりで来られた
パチ
パチ
パチ
営業
ムムッ
失敗も
回避できる
かもしれない
もー
ペコペコ
前の山を超える
のが大変なのだ

過去の高値や安値とは？

株やFXなどは過去の値動きから強い影響を受けます。中でも、過去の高値を超えられるか超えられないか、過去の安値を割り込まないか割り込んでしまうかはとても重要です。

テクニカル分析は過去の経験則に基づいている

株やFX（外国為替証拠金取引）、暗号資産（仮想通貨）といったキャピタルゲイン（値動きによる利益）を狙う金融商品には、大きく分けて2つの投資手法があります。ひとつは、ファンダメンタルズ（経済の基礎的要因）分析によるもので、たとえば株式投資であれば、企業の将来的な利益成長などを予測して投資を行うものです。FXであれば、それぞれの国の力関係や政策などから将来の通貨の強弱を予測します。もうひとつの投資手法が本書でもこれから詳しく解説していくテクニカル分析です。基本的にテクニカル分析は、チャートなどを活用して過去の株価の値動きなどを参考に経験則に従って投資していきます。

ちょっとオカルトチックに感じるかもしれませんが、株式などの金融商品では「相場は繰り返す」というのが原則。過去の値動きを示すチャートには、投資家の心理などはもちろん、ファンダメンタルズ的な要素も含まれるというのがテクニカル分析の考え方です。

冒頭のマンガで、みい咲のコメントに「愚者は経験に学び　賢者は歴史に学ぶ」とありましたが、まさにその通り。たとえば、子供に「火は危ないから触っちゃダメ」と教えたとしましょう。賢い子供はこれを聞いて火に近寄りませんが、なかには実際に触ってヤケドしないと危ないと覚えない子供もいるかもしれません。実際の投資では、失敗して損失を出すことで初めて学ぶのではなく、過去の経験則、つまり値動きの歴史といえるチャートを分析することで損失を回避し、利益を追求したいものです。

POINT!

先人たちの失敗をわざわざ繰り返す必要はありません。テクニカル分析で、ムダな失敗は極力避けて成功例をまねしましょう。

過去のピークを上回ると、もっといい人生が広がる

では、テクニカル分析の〝基本のキ〟ともいえる「過去の高値と安値」について考えてみましょう。人生にもいい時と悪い時の波がありますよね。この波がまさに過去の値動きを示すチャートというわけです。なかには宝くじなどに当たり、ある日突然、お金持ちになって、そこが人生のピークだったという人もいるかもしれません。でも、それはとても

レアなケースですよね。

会社員であれば、新入社員からスタートして、係長、課長、部長、取締役というように段階的にステップアップしていくはず。当然、役職が上がれば、もっと努力してさらに上の役職を目指したいと考えるでしょう。実は、株価も同じなのです。

株式投資などでは、過去の高値（ピーク）を超えると、上昇の勢いが増してさらに上値をつけやすくなります。理由はいろいろと考えられますが、ひとつには最高値をつけることで、投資している人全員が利益を出してハッピーな状態となっているからです。

このような状態では、「もっと上がるかもしれない」と考える人が多く、買う人が増えて売る人が少なくなります。株式投資は人気投票ですから、さらに株価が上昇するというわけです。もっとも、テクニカル分析では、こういった理由について詳しく考える必要はありません。「こうなれば、こうなる」という方程式だけを覚えればいいのです。「高値を超えたらさらに上昇」と覚えてください。

過去の高値を超えると、上昇の勢いが増してさらに上値をつけやすくなります。高値を超えたらさらに上昇と覚えてください。

高値更新で上昇が加速

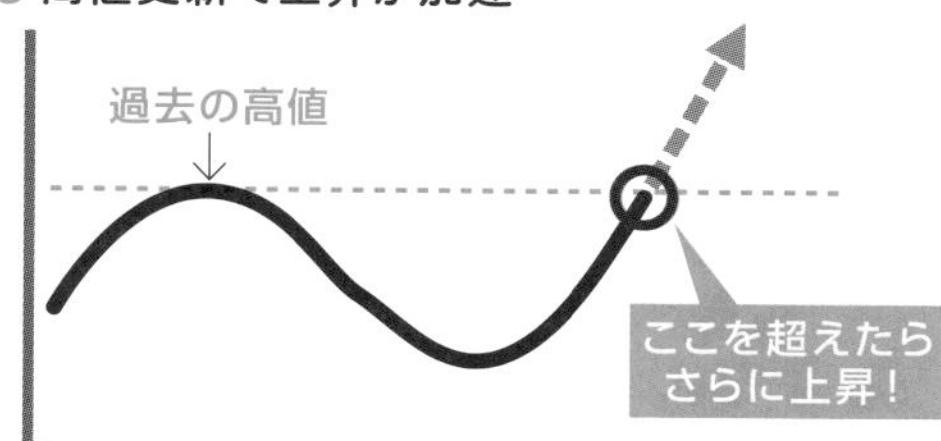

過去の高値を更新すると、株価の上昇に弾みがつき、さらに上昇しやすくなります。ただし、過去の高値が投資家の心理的な節目になるため、株価が高値に接近する場面では、一時的に上値が重くなることもあります。

安値を割り込んだら下落が加速

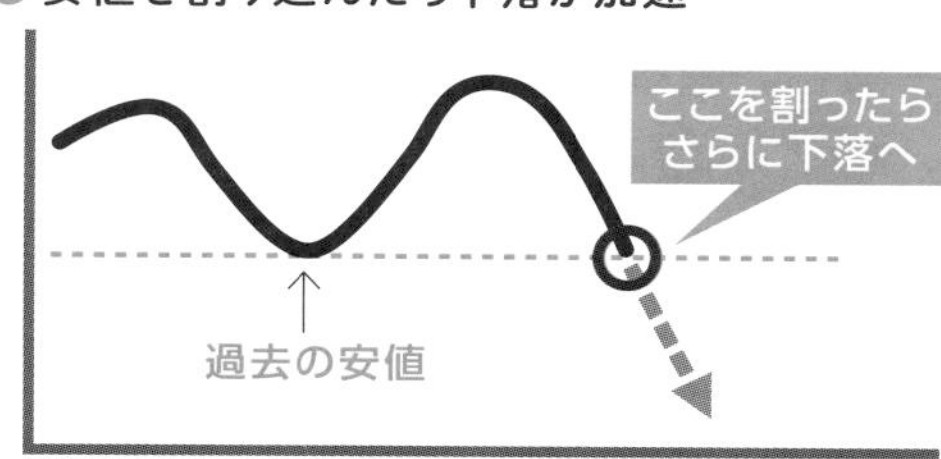

過去の安値を割り込むと、下落に勢いがつき、さらに下がってしまう可能性が高まります。ただし、過去の安値が心理的な節目になるため、株価が安値に接近する場面では底堅くなったり、反発に転じることも少なくありません。

では、過去の安値を更新してしまった場合はどうでしょうか。人生でいうと、悪いときには悪いことが重なるものです。もちろん、「明けない夜はない」といわれるように、落ちるところまで落ちて、そこからは立ち直るケースもあるのですが、落ち目になっている人にわざわざ近づこうとする人はあまりいませんよね。

株価もこれと同じで、安値を更新すると「もう付き合いたくない」と考える人が増え、結果、大量の売りものが出ることでさらに値下がりしてしまう可能性が高まります。ですから、基本的には出世（株価が上昇）している銘柄に注目し、落ち目（株価が下落）にある銘柄には近寄らないほうがいいでしょう。

順張りの基本

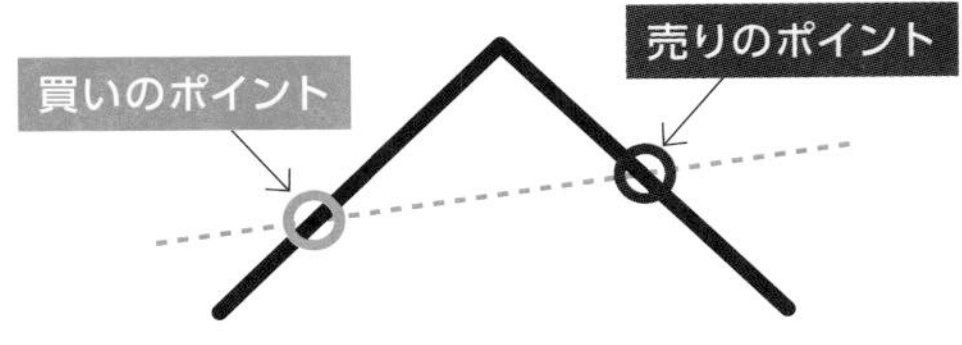

順張りは、上昇や下落のトレンドに乗る投資手法です。たとえば、本文でも解説したように、株価が高値を更新するような場面でエントリーします。利益確定は、株価が下がってきたところになります。

逆張りの基本

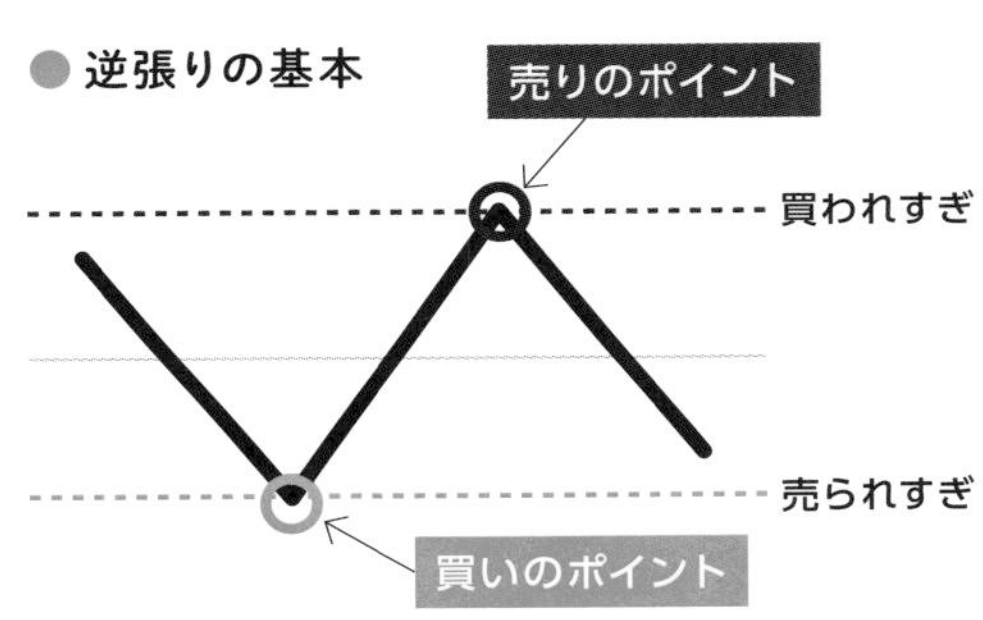

逆張りは、株価が下がっている場面で買い、上がっている場面で売るという、トレンドの逆を行く投資手法です。ただし、値ごろ感だけでエントリーするのではなく、テクニカル分析などで買い場や売り場を探していきましょう。

とはいえ、欧米の投資家に比べて日本の個人投資家は「逆張り好き（ぎゃくばりずき）」ともいわれています。逆張りとは、「下がっている銘柄を買う」「上がっている銘柄を売る」という考え方です。気持ちはわからないでもありません。たとえば、昨日まで安かったものが今日の価格がそれよりも高ければ、手を出しづらいものです。逆に、昨日よりもお買い得になっていれば、「買ってもいいかな」と考えてしまいます。でも、この考え方は、とても危険です。下落途中の株を購入するというのは、まさに「落ちてくるナイフをつかむ」ようなものです。

POINT!

株価の勢いに逆らう逆張りより、勢いに乗る順張りが基本。

年初来高値を奪回したら、次のターゲットはさらに前の高値

一方、人生にも株価にも長い目で見た考え方と、短期的な考え方があります。ここまでは、過去の最高値と最安値を例にとって解説してきましたが、もっと短いスパンで考えることも必要です。これまでの人生のピークは5年前だったけれど、今は今年に入って一番のピークを迎えているといったケースです。

株価なども過去の最高値でなくても、年内の最高値（年初来高値）を更新するようなケースでは上昇に弾みがつきやすくなります。過去の最高値や年初来高値は、多くの投資家が注目している「節目」です。これを更新してくると、買う人と売る人の力関係＝需給はよくなり、さらに上昇に弾みがつきやすくなるのです。安値についてもこれと同じ考え方です。

では、年内の高値を超えて予想通りさらに上昇し、今度は過去の高値に接近してきたケースを考えてみましょう。いったんは弾みがついた株価ですが、過去の高値に接近する

● 直近高値を更新し、過去最高値に接近

過去の最高値水準

過去の高値を更新したらさらに上昇が加速

年内の高値水準

年初来高値更新で上昇

年初

株価の年初来高値や昨年来高値はとても意識されやすいポイントです。ここを奪回してきた場合には、次の節目となる高値が意識されることになります。上場来高値を更新するような銘柄の場合などは、「青天井相場入り」ともいわれ、さらに上昇の勢いが増し、思わぬ高値まで値上がりすることも珍しくありません。

と、今度は高値圏で買ってしまった投資家が売ろうと待ち構えています。つまり、上昇のスピードが鈍ってくるのが一般的です。でも、そこをこなして過去の高値を更新すると、さらに上昇のスピードが速まって、どんどん高値を更新していくというのがテクニカル分析の考え方のひとつです。

過去の最高値や年初来高値は、多くの投資家が注目している節目ですので、要チェックです。

さて、一言で「テクニカル」といっても、さまざまな種類があります。相場は動き出すと、一定の方向に動く習性があります。市場の全体的な方向性（トレンド）を見極めることを目的とした「トレンド分析」や、「上がり過ぎ」や「下がり過ぎ」を知らせる「オシレーター分析」と呼ばれるものもあります。

ここで大切なのは、テクニカル分析を活用した投資では、できる限り自分の相場観を反映させずに、過去の経験則に従って投資することです。何の根拠もなく、自分の感覚やイメージだけで「もっと上がるはず」とか「そろそろ下げ止まるはず」と考えると、とても危険です。「いくらで買ったから、いくらまで戻らないと利益にならない」と考えてしまいがちですが、相場はあなたの買った値段など、「知ったこっちゃない」のです。トレンド分析やオシレーター分析などを根拠に、できるだけ機械的に投資することが重要です。

テクニカル分析は、過去にたくさんの投資家たちが実践し、失敗を繰り返しながら築き上げた経験則に基づく〝虎の巻〟のようなもの。これを活用することこそが、「愚者は経験に学び　賢者は歴史に学ぶ」ということなのです。

POINT!

テクニカル分析では、自分の相場観や願望などを排除し、できるだけ機械的に売買を行うことが大切です。

● 主なテクニカル指標一覧

トレンド分析

市場の全体的な方向性（トレンド）を見極めることを目的とした順張り型のテクニカル指標です。

- 移動平均線（MA）
- 一目均衡表
- パラボリック
- MACD
- DMI
- エンベロープ
- ボリンジャーバンド
- ピボット
- 回帰トレンド

オシレーター分析

現在のトレンドの強さや過熱感など変化の大きさや兆しを察知するときに活用します。

- RSI
- サイコロジカルライン
- RCI
- ストキャスティクス
- 移動平均線カイ離率
- モメンタム

フォーメーション分析

特徴的な値動きの形状から今後の株価の動向を予想する分析手法です。

- ダブルボトム&ダブルトップ
- 三角保（も）ち合い
- ヘッドアンドショルダーズ
- ソーサートップ&ソーサーボトム

ローソク足分析

日本で最もポピュラーなローソク足を用いた分析手法です。

- ローソク足の分析
- 複数足の分析
- 酒田五法

その他の分析

市場の出来高（売買高、取引量のこと）そのものや出来高と株価の変化を組み合わせたもの、ユニークなテクニカル指標などがあります。

- 出来高移動平均線
- フィボナッチ
- ヒストリカル・ボラティリティ

ローソク足

人生も値動きも気分が大切

生活していれば、1日の中でも
気分の上下はあるはずです。
そんな1日のアップダウンを示すのがローソク足。
1本でも情報は満載！

Part

2

ローソク足

＜起床時＞
昨日遅くまでYouTubeを見てしまい、
睡眠時間は少なかったけど、
きれいなモルディブの海に行った、
満喫した夢のおかげで、
まあまあの朝を迎えられる。

10	20	30	40	50	60	70	80	90	100

＜お昼の会社＞
取引先とのやりとりで、
ミスをおかしてしまい
取引先からも部長からも
こっぴどく怒られる。

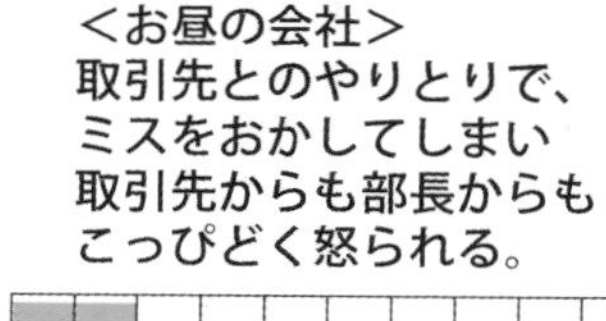

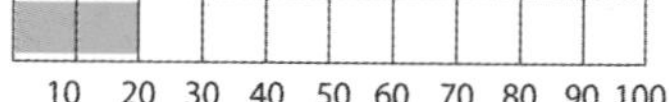

10	20	30	40	50	60	70	80	90	100

＜アフター５＞
夜の女子会では、
オシャレなイタリア料理の
おいしいお店で
ディナーを堪能し、
カラオケルームで大盛り上がり。

10	20	30	40	50	60	70	80	90	100

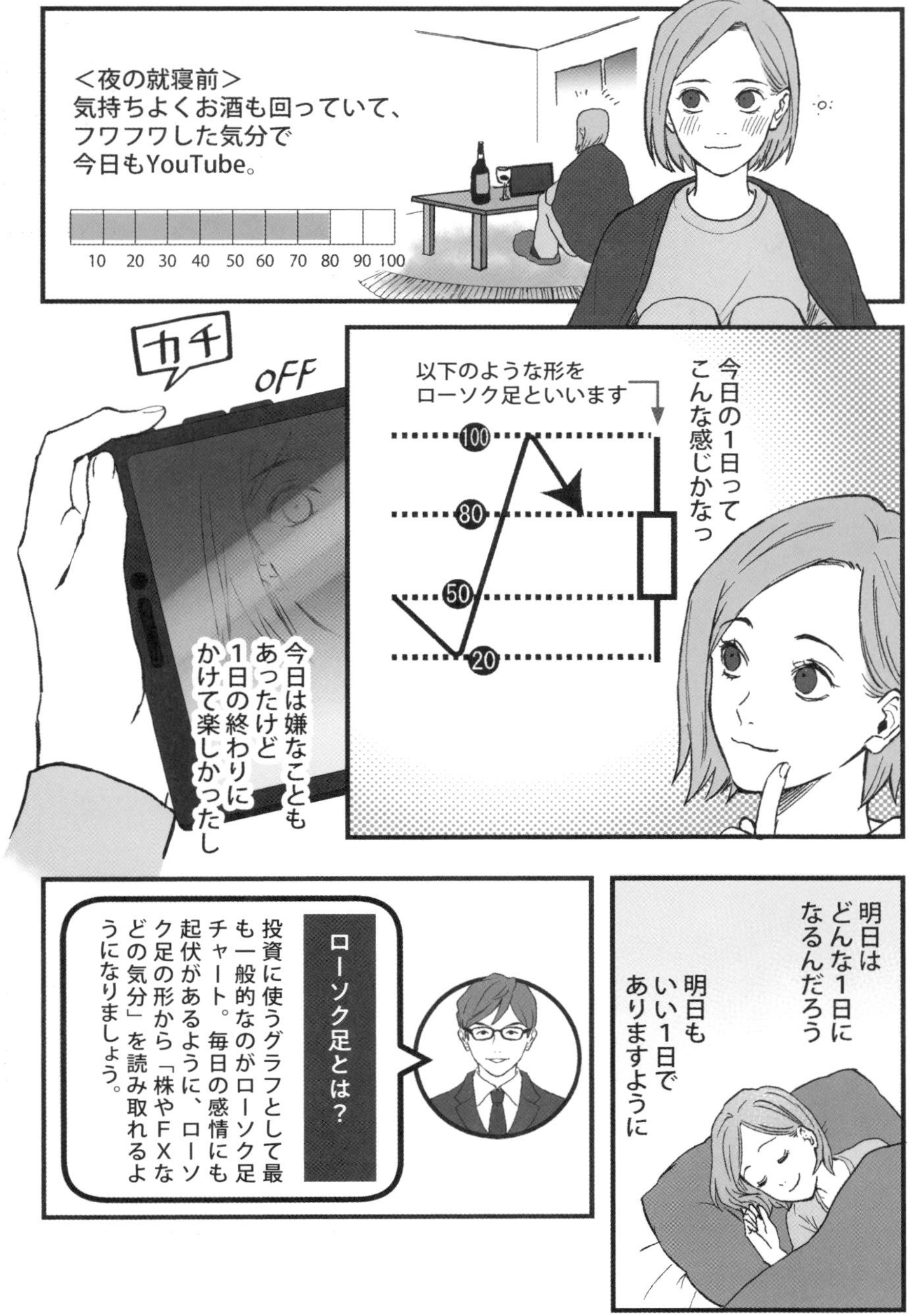

＜夜の就寝前＞
気持ちよくお酒も回っていて、
フワフワした気分で
今日もYouTube。

10 20 30 40 50 60 70 80 90 100

今日の1日って
こんな感じかなっ

以下のような形を
ローソク足といいます

100
80
50
20

カチ
OFF

今日は嫌なことも
あったけど
1日の終わりに
かけて楽しかったし

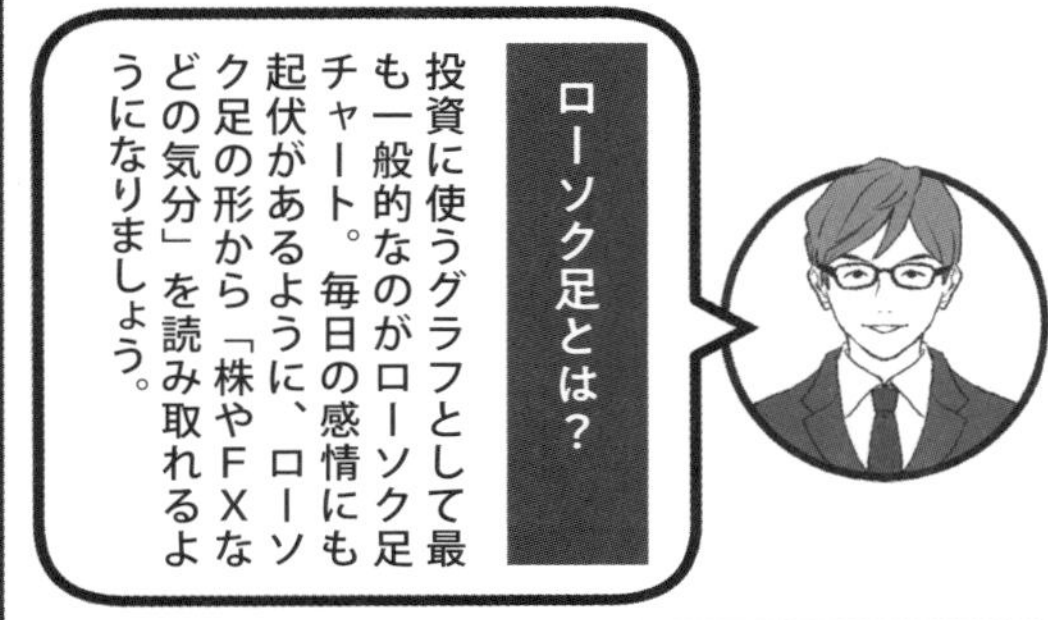

ローソク足を知ることはテクニカル分析の第一歩

より糸を芯にして円柱状に成形した蝋から作られるローソクは、古代ギリシャ・ローマ時代からその存在が知られ、日本では奈良時代に中国から伝来したといわれています。時代を経た現在でも、ローソクは誕生日・クリスマスのケーキといったお祝い事や、災害時などの明かりとして利用されています。デジタル社会になっても、人々の生活を照らす灯火としての役割を果たしています。その形状や明かりを灯すことによるローソクの長さの変化が、株価の上昇・下落などを表す「ローソク足」にみたてられているのです。

東京証券取引所には東証1部、東証2部、東証マザーズなどの市場に2021年2月現在で3750社以上の企業が上場しています。

また、米国では、世界最大の証券取引所であるニューヨーク証券取引所（NYSE）と、新興企業を中心とするナスダック（NASDAQ）を合わせると、6000社を超える企業が上場しています。

そんな数多くの銘柄をテクニカル分析する際に骨格となるのが「チャート」です。チャートには幾つかの種類がありますが、最もポピュラーなのが「ローソク足チャート」で、一度は目にしたことがあると思います。現在では海外でも「キャンドル・スティック・チャート」と呼ばれ、利用が広がっています。

このほか、欧米でよく使われる「ラインチャート」や「バーチャート」があります。「バーチャート」は高値と安値を結んだ棒足に、始値が左側に、終値が右側にそれぞれ小幅の線で表示されます。ローソク足との違いは、実体の部分が線になっているだけの差ですが、直感的な見やすさに優れているのがローソク足ともいえます。

「ローソク足チャート」はこの後で紹介するテクニカル分析すべてに使われます。そして、このローソク足を知ることはテクニカル分析における「イロハのイ」といってもいいでしょう。

POINT!

相場の値動きを表すグラフの基本が「ローソク足チャート」。そのローソク足を知ることはテクニカル分析の〝イロハのイ〟です。

ローソク足は陽線と陰線の2種、そして実体とヒゲで構成

冒頭のマンガでは、みい咲の1日が心のバロメーターを使って喜怒哀楽の度合いで示されていました。思うように睡眠はとれなかったものの、モルディブを満喫した夢で、悪くない朝を迎えたのですが、会社ではミスをおかして部長から叱(しか)られて、気分はその日の最低にダウンし、アフター5ではイタリア料理とカラオケで気分は最高潮。そして、気持ちよいまま就寝。この1日を株価に置き換えてローソク足で示すと、ローソク足の白い線「陽線」（上昇）となります。逆に、朝起きたときよりも気分がダウンしていると、黒い線「陰線」（下落）となります。みい咲の気分バロメーターと同じく、企業の1日、1週間、1カ月の株価動向が一目でわかるローソク足で表されるのです。

ローソク足には、始値より終値が高い場合を白色で示す「陽線(ようせん)」と、始値より終値が低い場合を黒色で表す「陰線(いんせん)」の2種類があります。始値と終値を四角で囲んだ白黒の部分を「実体」といいます。そして、実体から上部に伸びる線が「上ヒゲ」（上影）、逆に実体から下に伸びる線が「下ヒゲ」（下影）です。このほか、「十字線(じゅうじせん)」があります。

● ローソク足チャートの例

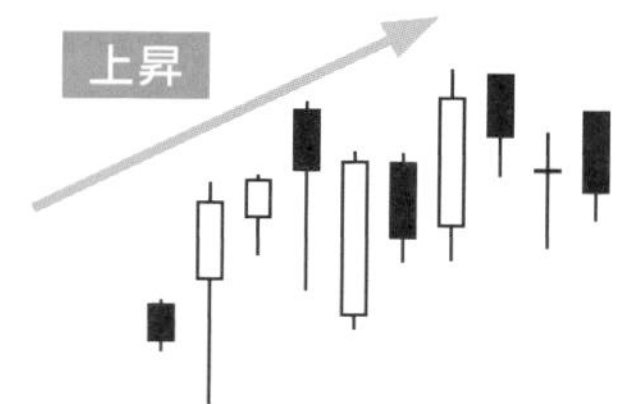

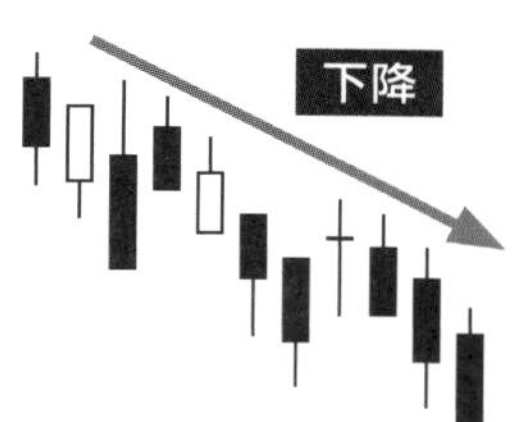

陽線と陰線の連続で描かれるローソク足のチャートで、上昇は右上がりで下値が切り上がる形となります。下降はその逆です。ともに、陽線、陰線の長さが長くなれば上昇・下降の角度が大きくなります。

また、ローソク足の期間は、短期売買なら短い時間、長期投資であれば、長い時間が採用されます。最もポピュラーなのは1日を時間の区切りにした足で、これを「日足」といいます。東京証券取引所では午前9時の寄り付きから午後3時の大引けの期間で日足のローソク足が形成されることになります。

日足以外で、中長期的な値動きを見る場合は、1週間のローソク足で週足、1カ月のローソク足で月足、年間では年足などが一般的に使われています。

このほか、時間で区切ったローソク足もあり、1分、5分、30分など分単位で刻んだローソク足を分足、1時間、4時間など時間単位で刻んだローソク足を時間足といいます。超短期売買を繰り返すトレーダーは、こうした分足や時間足を活用しています。

余談ですが、株価チャートは白と黒のローソク足で描かれることが一般的でした。白黒のチャートの場合は、陽線は白、陰線は黒でほぼ統一されています。ところが、カラー画面で表示され、パソコンやスマホなどで利用されるチャートのローソク足は、色が赤や青などのカラーチャートとなりました。

例えば、ＦＸチャートでは「陽線が赤、陰線が青」で描かれる場合と、「陽線が青、陰線が赤」で描かれる全く逆の場合もあります。一般的に日本では、陽線が赤、陰線は青が主に採用されているようですが、海外では、陽線は安全の青、陰線は危険を表す赤、と逆のケースが多いようです。

31ページでふれたように、欧米で主流の「バーチャート」は色分けがなく、縦の棒線が株価の高安幅、始値と終値が左右の短い横線で記載されています。ただ、ローソク足チャート、バーチャートなどいずれのチャートも左から右へ動くことに変わりはありません。

ローソク足は一目でその日の株価の動きがわかる超優れもの。ローソク足の「期間」はトレードの長さで使い分けましょう。

ローソク足の基本3パターンを頭にたたき込もう

さて、ここからは白と黒の株価ローソク足を前提に話を進めていきます。

ローソク足は、一定期間の相場の４本値（始値、高値、安値、終値）を１本の棒状に表したものです。このローソク足を並べていくことで、相場の状態や流れをわかるようにしたチャートがローソク足チャートです。

意外に思われるかもしれませんが、ローソク足は、日本の江戸時代に生まれた日本発祥の伝統のある表示方法で、メード・イン・ジャパン！　現在では海外でも広く使われるようになっています。江戸時代の日本で、世界に先駆けて米穀の先物相場が誕生し発達する中で生まれました。日本の先人が生み出したグラフなので、誇りをもって活用しましょう。

相場は買い方と売り方がそれぞれぶつかり合って商い（売り買い）をこなしながら、様々な形のローソク足を形成していきます。そのローソク足には基本の形があります。それが「陽線」「陰線」「十字線」です。

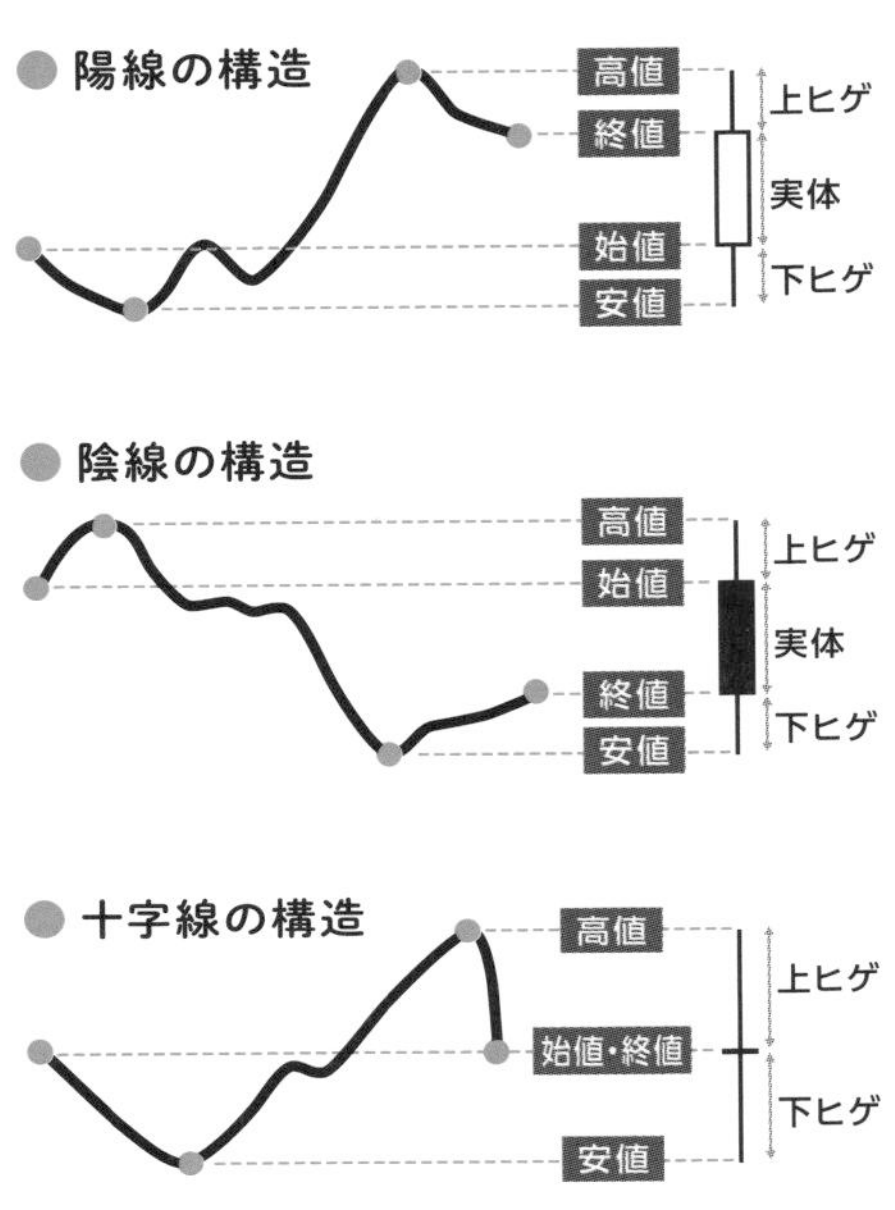

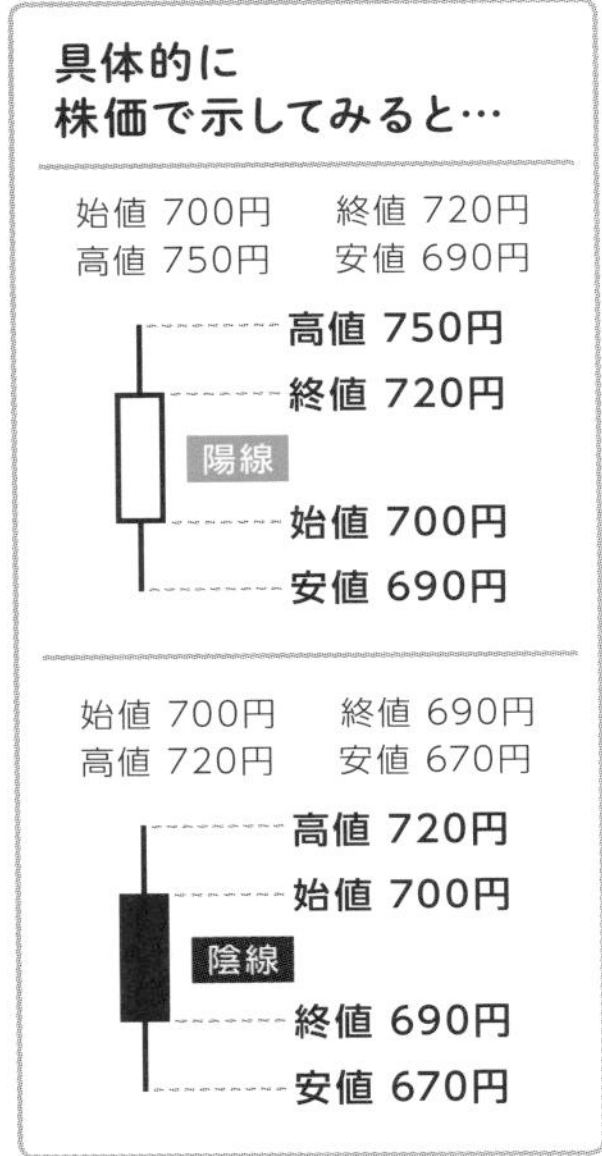

まず「陽線」は、「始値」に対して「終値」が上回る形で終了したときに形成されるローソク足で、色は「白」などで表されます。取引開始から取引終了までの間で、最終的に買いの勢力が強かったことを示しています。

また、買いの勢いが強い、買いの勢力が大きいほど、このローソク足の実体は長くなり、後で解説する「大陽線」となります。

一方の「陰線」は、「始値」に対して「終値」が下回る形で終了したときに形成されるローソク足で、色は「黒」などで表されます。取引開始から取引終了までの間で、最終的に売りの勢いが強かったことを示しています。

また、売り圧力が大きいほど、このローソク足の実体も長くなります。

そして、白黒のローソクとともにローソクの上下に出現する「ヒゲ」がローソク足の構成要素です。

「上ヒゲ」は買い勢力によって高値まで買い進まれたものの、売り勢力の抵抗で押し戻されて終値を迎えたことを示します。上に伸びるこのヒゲが長いほど、売り圧力が強かったことを示唆します。「下ヒゲ」は売り勢力によって安値まで売り進まれたものの、買い勢力の抵抗で値を戻して終値を迎えたことを示します。

一方、「十字線」は、「寄引同時線」（「寄引同事線」と表記する場合もあります）ともいわれ、白黒のローソク足の実体部分が横線で、文字通りの十字線で、始値と終値が同値の場合です。買い方と売り方の勢力が拮抗（きっこう）している状態です。

高値圏でこの十字線が表れた場合は、買い方の勢いを売り方が止めたことになり、下落への転換を示唆しています。対照的に、安値圏で表れた十字線は、売り方の勢いを買い方が止めたと理解され、上昇転換の示唆とされます。また、十字線でも上に伸びる上ヒゲが長い場合は上値が重く、下に伸びる下ヒゲが長い場合は下値抵抗が強いとみることができます。

● みい咲の一日のバロメーター値とその日のローソク足

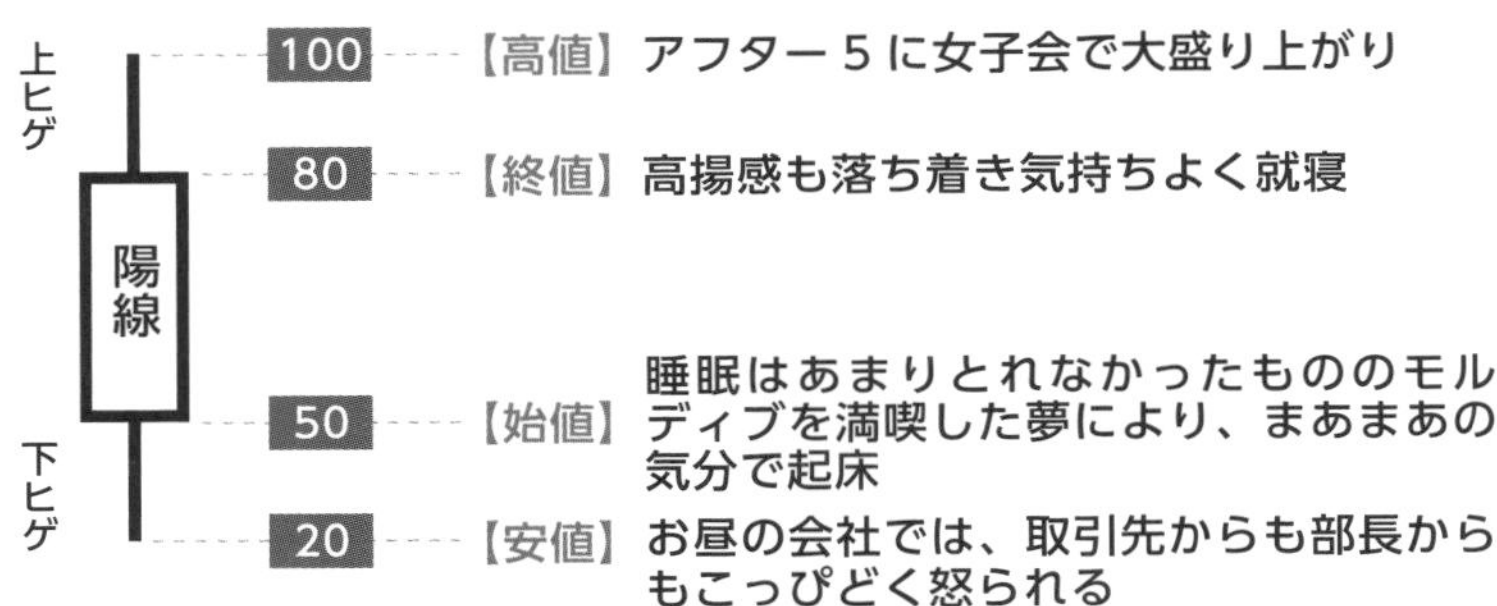

このようにローソク足の「ローソク」と「ヒゲ」は、相場の単なる上げ下げだけでなく、相場の心理状態を表しているといえます。

マンガのみい咲は取引先とのやりとりでミスをおかして取引先と上司の部長からも怒られて心のバロメーターが急落。その後に、夜の女子会で大盛り上がりし、急激にバロメーターが反転上昇しましたね。ローソク足でいうところの「下ヒゲ」をつけた状態です。

また、その日最高の気分になって帰宅後は、心も落ち着き、気持ちよく就寝に至る過程では「上ヒゲ」を付けて、陽線で終わったことを示します。

POINT!

陽線は上昇、陰線は下落、十字線は拮抗を示唆します。

ローソク足9形態の意味を知ろう

そして、このローソク足は実体とヒゲを組み合わせた9形態が知られています。

◆小陽線、小陰線

「小陽線」は、ローソク足の実体が短く、買い方と売り方が拮抗しつつも、少し値上がりした状態です。連続して出現すると「大陽線」につながる期待があります。

「小陰線」は、買い方と売り方が拮抗しつつも、少し値下がりした状態です。連続して表れると「大陰線」につながる可能性もあり警戒を要します。

◆大陽線、大陰線

「大陽線」は、ローソク足の実体が、ほかに比べて明らかに長く、チャート上で目立つ陽線です。実体の長さのメドとしては、普段の値幅の5倍以上ともされています。売り方の勢いが弱まっており、その後も買いの勢いが続くことを示唆しています。

「大陰線」は、大陽線と反対の意味を持ちます。売り方の勢いが強く（買い方の勢いが弱く）、その後も売りの勢いが続くことを示唆しています。

◆上影陽線、上影陰線

「上影陽線（うえかげようせん）」は、上ヒゲの長い陽線を持つローソク足です。高値圏でこの上影陽線が出現すると、下落への転換の示唆とされています。買い方の勝利で陽線ではあるものの、売り方の抵抗が強く伸びきれなかったと解釈できます。逆に相場の安値圏で出現した場合は、上昇への転換の示唆とされます。

「上影陰線（うえかげいんせん）」は、上ヒゲの長い陰線です。こちらも相場の高値圏で出現すると、下落への転換の示唆とされています。安値圏では下落継続を暗示しています。

◆下影陽線、下影陰線

「下影陽線（したかげようせん）」は、下ヒゲの長い陽線で、安値圏での出現は上昇転換を示唆するサインとされています。この場合は、買い方の抵抗が強く、最終的に買い方が勝利したと読み取ることができます。

「下影陰線（したかげいんせん）」は、下ヒゲの長い陰線で、高値圏での出現は、下落への転換の示唆とされます。買い方に抵抗があったものの、最終的には売り方の勝利という解釈です。一方、安値圏での出現は、安値からの反発を示唆します。陰線ながら買い方の抵抗が強かったことを表しています。

● 基本的な9種類のローソク足

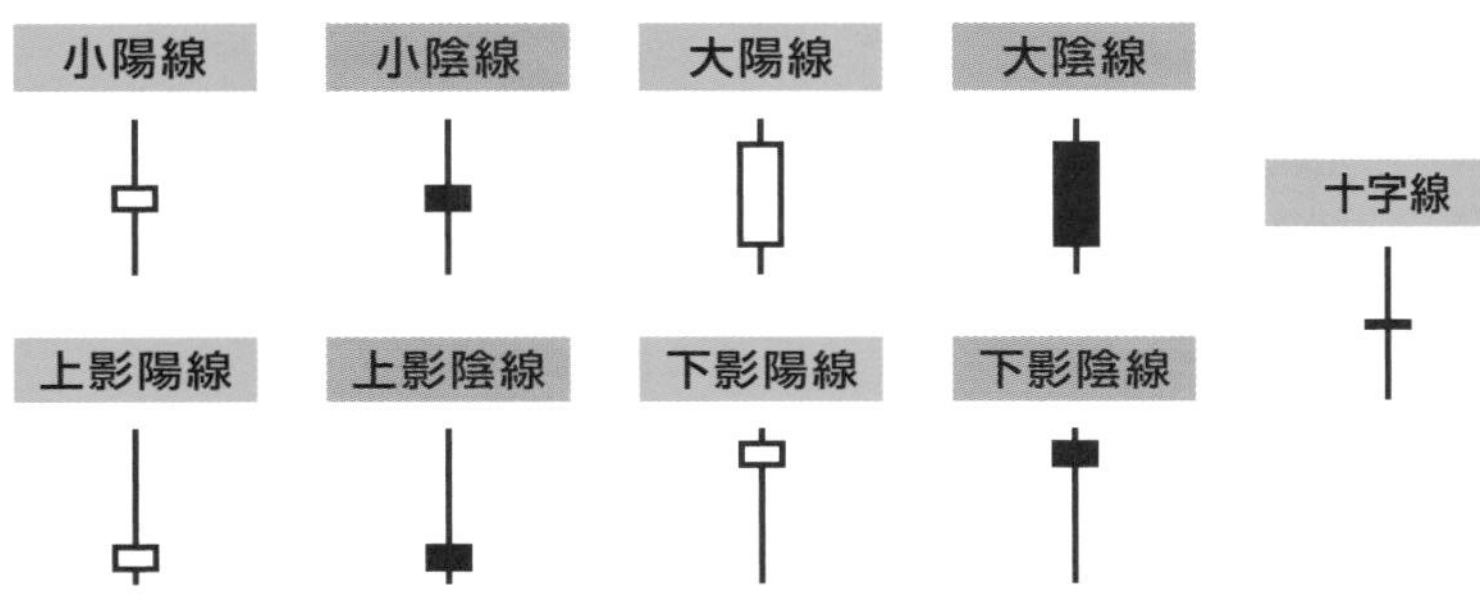

◆十字線・寄引同時線

最後に「十字線・寄引同時線」は、35ページ以降の基本3パターンの項ですでに解説していますが、相場の「気迷い」の場面、基調の「転換暗示」を示唆する局面で表れます。十字線のうち「足長同時線」と呼ばれるローソク足は、上ヒゲと下ヒゲがともに長く伸び、相場の転換点や加速時に表れ、どちらかに傾いたほうに大きく動く可能性があります。そのほかに、下ヒゲが長く上ヒゲはないか短い同時線の「トンボ」や、逆に上ヒゲが長く、下ヒゲはないか短い同時線の「トウバ」があります。

これらローソク足の基本的な9形態のほか、ローソク足の実体の長短や、実体に絡むヒゲの位置と長さによって形が特徴的なローソク足があります。次のページで紹介しますが、面白い名前で覚えやすいので、それぞれのローソク足の意味も学んでおきましょう。

◆陽線坊主、陰線坊主

「陽線坊主（ようせんぼうず）」は、「陽の丸坊主」ともいい、上下のヒゲがなく比較的大きな実体をもつ陽線です。始値が安値になっており、買い方は売り方に対して始値から下の安値を作ることを許さず、高値からの押し戻しも許さずに終値が高値になっている非常に強いローソク足です。一直線に伸びたローソク足から、その後も買い方の勢いが続くことが期待されます。

陽線坊主と反対の性質を持つのが「陰線坊主（いんせんぼうず）」です。「陰の丸坊主」ともいいます。ヒゲのない大陰線で一直線の下げから、その後も売り方の勢いが続くことを暗示しています。

ちなみに、ヒゲのないローソク足を「坊主」と称します。

また、寄り付き後に一直線で高値を形成したものの、大引けでは少し下げて終値を形成した値動きを示す、比較的大きな陽線に上ヒゲを付けたローソクを「陽の寄り付き坊主」、その逆を「陰の寄り付き坊主」といいます。

◆陽の極線、陰の極線など

このほか、気迷い・転換を示唆するローソク足としては、「陽の極線」（陽の星）、「陰の極線」（陰の星）、「トンボ」、「トウバ」、「足長同時線」、「一本線」（四値同時線）などがあります。

「陽の極線」はローソクの実体も上下のヒゲも短く、相場の転換点や株価変動の加速時に出現します。迷いながらも上昇への期待感を内包しています。「陰の極線」は失望感の中での迷いを表していますが、まだ弱気が先行している状態です。上ヒゲも下ヒゲもない横一本の線である「一本線」（四値同時線）は、寄り付き後、上へも下へも行けず、取引が少なく、勢いがまったくないことを示唆しています。

さて、ここまで解説してくると読者の方も気づかれたことでしょう。ローソク足は「上昇の暗示」と「下落の暗示」、そして「気迷い・転換の暗示」の3パターンに分類できることがわかります。

その暗示の強さの順で並べると、上昇の暗示のローソク足としては「陽線坊主」「大陽線」「下影陽線」「下影陰線」、下降の暗示のローソク足では「陰線坊主」「大陰線」「上影陰線」「上影陽線」、そして気迷い・転換の暗示では「陽の極線」「陰の極線」「トンボ」「トウバ」などに分類することができます。

POINT!

さまざまな顔を持つローソク足は性格もいろいろです。その形態や出現する位置で上昇・下落を暗示します。

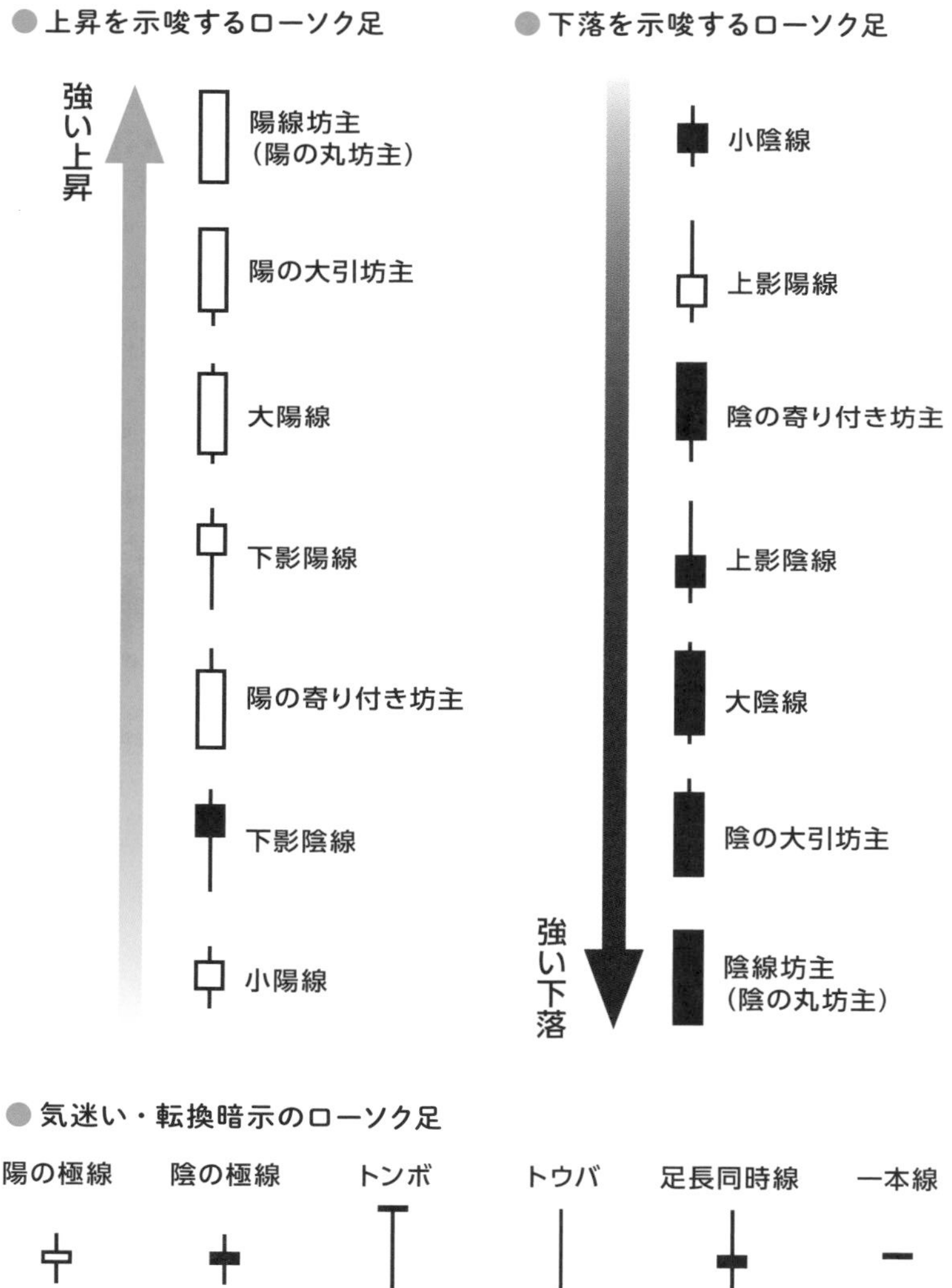
上昇を示唆するローソク足
強い上昇
陽線坊主
(陽の丸坊主)
陽の大引坊主
大陽線
下影陽線
陽の寄り付き坊主
下影陰線
小陽線
下落を示唆するローソク足
小陰線
上影陽線
陰の寄り付き坊主
上影陰線
大陰線
陰の大引坊主
陰線坊主
(陰の丸坊主)
強い下落
気迷い・転換暗示のローソク足
陽の極線
陰の極線
トンボ
トウバ
足長同時線
一本線

基本を押さえてローソク足を活用しよう

冒頭のマンガでみい咲は、旅行を満喫した夢を見て心のバロメーター値「50」で起床しました。その後の仕事のミスと部長から叱られたことで心のバロメーター値は「20」に急落。その後、女子会で過ごした楽しいアフター5で気分が高揚して心のバロメーター値は「100」に急騰し、就寝前には高揚した気分もYouTubeの視聴で落ち着いて心のバロメーター値「80」で就寝しました。

株価のローソク足に当てはめると、前日比プラスで朝方に寄り付いた後、トラブル発生で陰線となったものの大陽線で切り返して、高値から一服で大引けた形で終わったことになります。日足のローソク足では、堂々の陽線といえるでしょう。仮に、みい咲が仕事でミスしなかったとしたら、ローソク足は大陽線となっていたはずです。

みい咲は就寝時に「明日もいい1日でありますように」と思いながら眠りにつきました。「明日も……」と、この日が陽線だったことから、明日への期待が膨らむわけです。人の生活だけではなく、ローソク足も市場心理などを反映して形成されます。

以上のように、ローソク足は株価や相場の状況だけでなく、今後における相場の方向性も暗示してくれます。ただし、何事にも絶対はありません。ローソク足のチャートでは「ダマシ」（テクニカル指標のシグナル通りに値動きしないこと）も出現します。ローソク足に上昇や下落などのサインがあったものの、そのセオリーが通じないことも当然あるのです。ローソク足の責任にしても何も始まりません。少なくとも、江戸時代からローソク足が相場分析の手段として親しまれてきた背景には、それなりの説得力があることは確かなのです。

ローソク足は複数を組み合わせて相場のパターンを分析でき、それを応用した「三山」「三川」「三空」「三兵」「三法」と5つの基本パターンからなる「酒田五法」というテクニカル分析もありますが、まずは、1本のローソク足を理解することがとても大切です。ローソク足の勉強と分析は誰にでもできます。

ローソク足チャートが、長く広く支持されている背景には、相場と戦った先人の知恵が息づいています。

まずは、1本のローソク足を理解することがとても大切です。ローソク足チャートは誰もが身に着けることのできる先人の知恵です。

Part 3

トレンドライン

あなたは右肩上がり？

「人生、山あり谷あり」ですが、
株価や為替も上下動しながら、
山や谷を形成しています。
もしもこの形を見て、次の動きが読めたら…。

トレンドライン

はあ…
家計簿アプリ
なんだか全然お金貯らないなぁ
先輩〜 珍しく困ってますねぇ
コーヒーのみませんか？
かず流…

う〜ん
でもそんなに無駄遣いはしてないのになあ
ばっっっ
ガシ
ガシ
僕もなんですよ〜
何に使っているのやら

そういえばみぃ咲先輩って家計簿つけてましたよね？
どうぞ
ありがと
ほかほか
ちょうど今つけてるところ…

ほら見て見て〜
ひょいっ
どれどれん〜

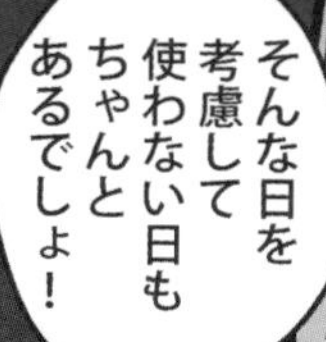

トレンドライン

過去の値動きの高値同士、安値同士を結び、値動きの幅や方向性を見極めるのがトレンドラインです。傾きを見て上昇基調なら買い、下落基調なら売りと判断します。

禍福はあざなえる縄のごとし

「禍福はあざなえる縄のごとし」という故事成語があります。禍（＝不幸）と福（＝幸福）はより合わせて作られた縄のように交互に訪れるという意味です。「人間万事塞翁が馬」という故事成語もほぼ同じ意味ですね。

「人生、山あり谷あり」、いい時も悪い時もあります。人生だけでなく、日々の生活や仕事、体調、心理状況、運気などについても同じことがいえますよね。物事には必ずこのような「波」があります。１日という短いスパンの波もあれば、１カ月、１年、あるいは５年、10年といった長いスパンの波もあるでしょう。小さい波と大きい波を繰り返しながら上昇したり、下降したりするものです。経済や株式相場にもこのような波（＝周期）が数多くあり、分析や投資に活用されています。

人生上り調子、向かうところ敵なし状態にあったとしても、調子に乗り過ぎてしまったことでちょっとしたミスをしてしまったり、アンラッキーなことがあって落ち込んだりし

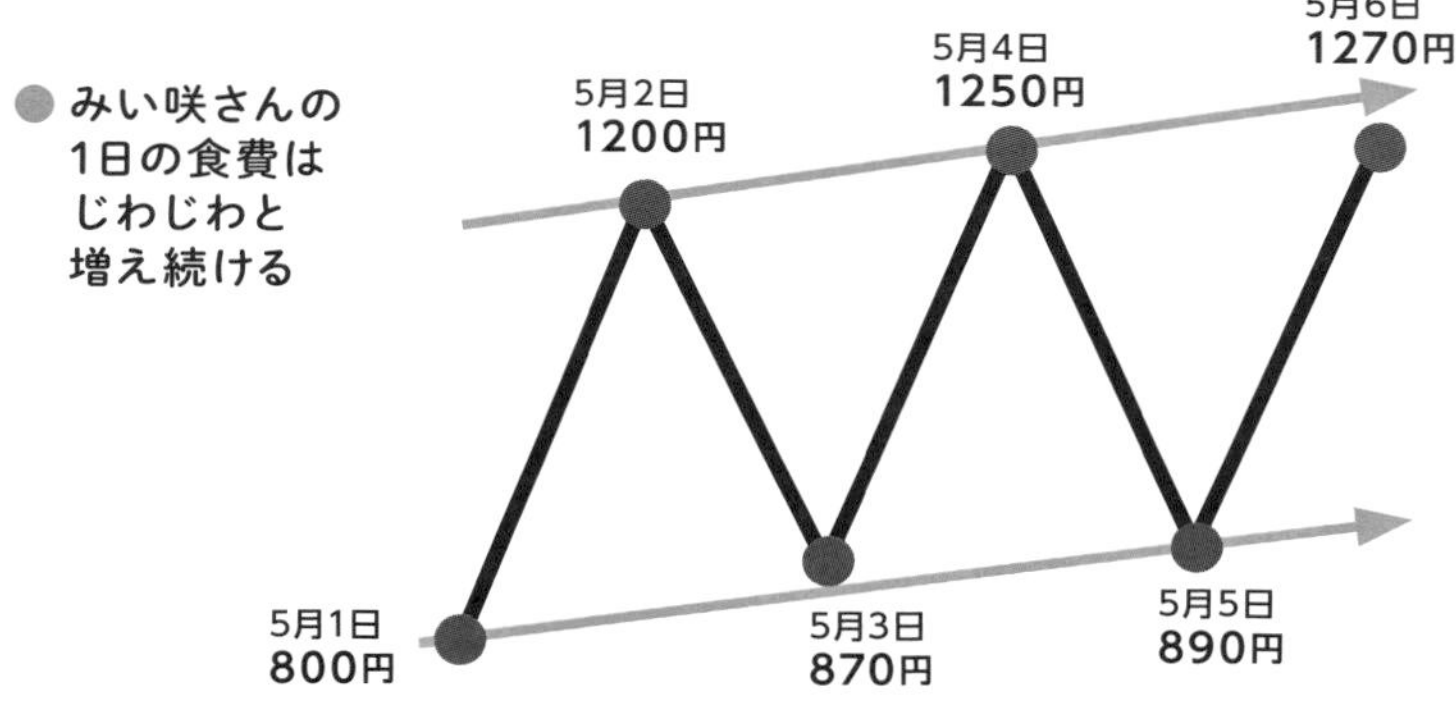

た経験、みなさんにはありませんか？　これも、上り調子における小さな下落の波と捉えることができます。実は、株価においてもこれと同じようなことが起きています。

株価が一度も下がらずに上がり続けたり、反対に反発が一切起こらずに下がり続けることは決してありません。また、まったく上下せずに同じ価格であり続けることも当然ありません。たとえ長期的には大きく上昇・下降していたとしても、その間に上がったり下がったりを繰り返しながら動いていくものなのです。

こうした上下の波の傾向を捉えることで株価の上昇・下降のトレンドを読み取り、トレードに活用するテクニカル分析の手法のひとつが、「トレンドライン」です。このＰａｒｔ３では、トレンドラインによるテクニカルの分析手法を紹介していきましょう。

テクニカル分析の世界で超メジャーな「トレンドライン」

トレンドラインはテクニカル分析の達人はもちろん、ほとんどテクニカル分析を気にしない投資家でも何となくは見ているといえるほど、メジャーなテクニカル分析です。株価が上下の波を描きつつ上昇していく「上昇トレンド」と、同じく上下の波を描きつつ下落していく「下降トレンド」、上下しつつも一定のライン内で値動きを続ける「横ばいトレンド」の3タイプに分けられます。

冒頭のマンガで取り上げたみい咲の食費は安い日で800円、870円、890円とじわじわと切り上がっています。さらに、高い日も1200円、1250円、1270円と切り上がっていて、トータルで日に日に食費が増える形になっていますね。つまり、この場合は食費が「上昇トレンド」になっているということです（何とか出費を抑えたいみい咲にとって、食費が上昇トレンドにあるのはよくないことですね）。

では、まず上昇トレンドにおけるトレンドラインを見てみましょう。上昇トレンドで描か

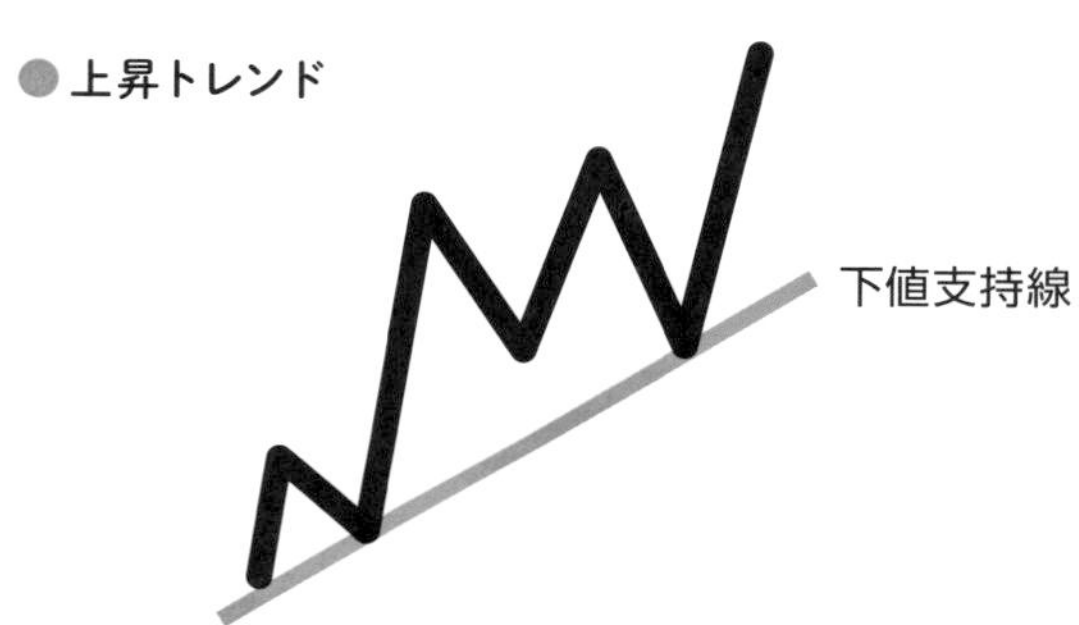

れる上下の波の安値の部分（みぃ咲の食費でいうと８００円、８７０円、８９０円にあたります）を１本の線で結んだものを「下値支持線（サポートライン）」と呼び、一時的な値下がりから再び上昇へと転じる目安になります。上昇トレンドにおいて、下落の波がこの下値支持線に接近、あるいは触れた時点で、株価は反発しやすい傾向があります。そのため、この下値支持線あたりまで下がってきたときを買いのタイミングととらえることが可能です。

ちなみに、上昇トレンドに乗って買うことを「順張り」と呼びます。下値支持線は、順張り投資における買いのタイミングを計るうえで有効です。

上昇トレンド中にこの下値支持線を株価が下回ってしまった場合は、トレンド転換を予兆。上昇トレンドの終了を示唆する最初のシグナルになります。

人生で例えるなら、仕事も順調そのもの、私生活でも結婚など幸せな出来事が続いていたのに、病気やケガなどでその歯車が悪い方向に回り出してしまう……といった感じでしょうか。そういうときにはリスクを取らず、おとなしくしていたほうが賢明ですよね。

株式投資にも同じようなことがいえます。保有している銘柄の株価が下値支持線を下回ったときには、いったんその銘柄を手放す検討を始めたほうがいいかもしれません。もちろん、下値支持線だけで株価のトレンドを完全に把握できるわけではありません。そこから急激に体調（株価）が回復して、元の上昇トレンドに戻るケースもあります。あくまで、ひとつのシグナルということです。

順張り投資では上昇中の安値を結んだ下値支持線を意識！株価が下がってこのラインに接近してきたら買いのタイミングと判断。

「上値抵抗線」でトレンド転換を見極める

続いて、下降トレンド時のケースを紹介しましょう。下降トレンドでも、ごく一部を除

● 下降トレンド

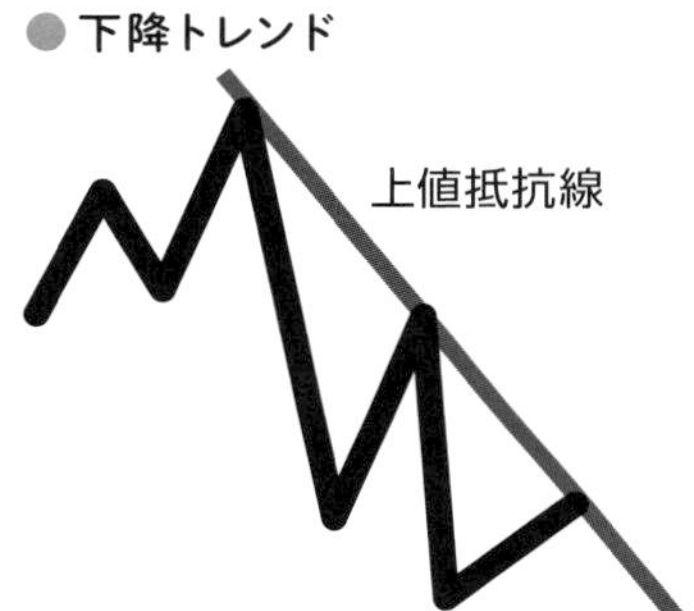

● 横ばいトレンド

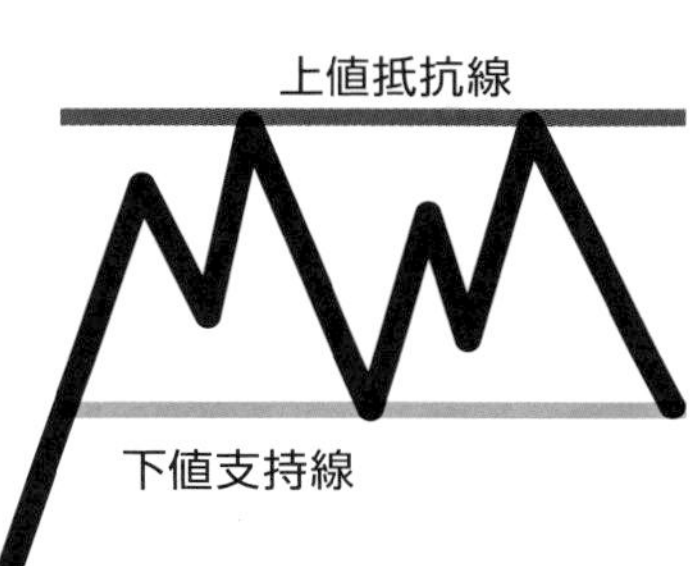

けば、株価はやはり上下の波を描きながら下がっていきます。上昇トレンド時の下値支持線が一定期間の値動きの安値を結んで描かれるのに対して、下降トレンド中のトレンドラインは波の高い部分、高値を結んで描かれます。これを「上値抵抗線（レジスタンスライン）」と呼びます。下降トレンドでは、株価が一時的に反発しても、この上値抵抗線に到達すると再び値下がりする可能性が強まります。一方で、このラインを上に抜けて反発が続いた場合は、下値支持線のときと同様、トレンド転換のシグナルのひとつになるわけです。

もうひとつ、株価のトレンドには波を形成しつつも総じて横ばいを維持する「横ばいトレンド」があります。波の高い部分と低い部分をそれぞれ結んだレンジの内側での値動きとなっている状態で、「ボックス相場」「レンジ相場」「保ち合い相場」とも呼ばれます。横ばいトレンドでは、波の高い部分を結んだ線が上値抵抗線、波の低い部分を結んだ線が下値支持線になり、このラインを上抜け（下抜け）ることで、やはり上昇（下降）トレンド転換へのシグナルになります。

下降トレンド中は高値を結んだ上値抵抗線をチェック！ここを上に抜けてくれれば、上昇トレンドに転換する可能性も。

上昇？ 下降？ どちらにも転ぶ「三角保ち合い」

最後に、横ばいトレンドを応用したトレンドラインを紹介しましょう。それは「三角保ち合い」と呼ばれるもので、株価チャート上によく出現します。日々の生活でも、いいことと悪いことが交互に起きて、いったいついているのかついていないのかわからないことがありますよね。三角保ち合いは、それと似たような状況です。

実際のチャートを見てみましょう。線で示した部分では株価は横ばいの動きが続いてい

●三角保ち合い

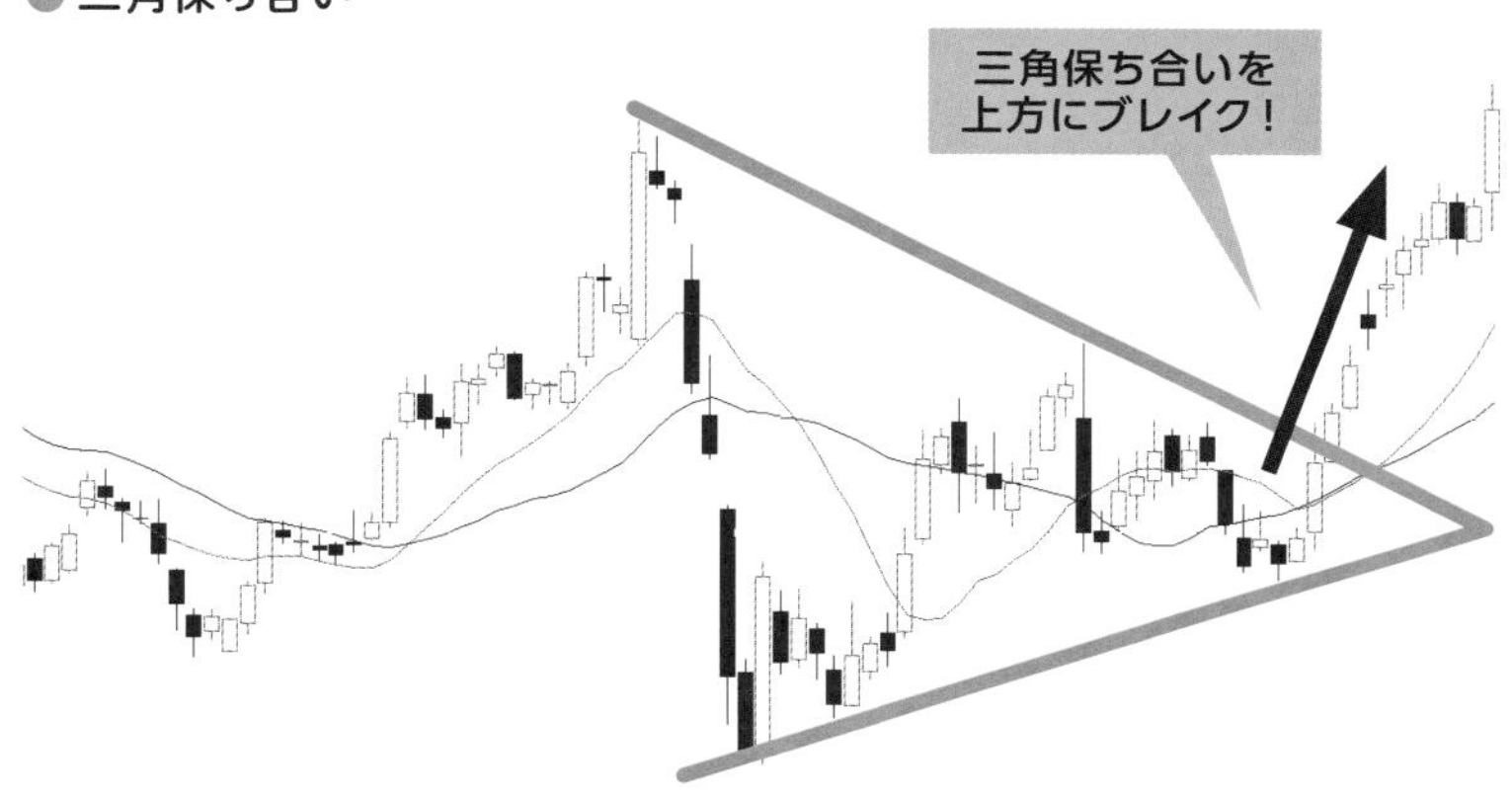

ますが、その上下の動きが次第に小さくなり、形が三角形のようになっています。この状態が三角保ち合いです。三角保ち合いの状態では、三角形の先端に近付けば近付くほど、トレンドの転換が起こりやすい傾向があります。トこの状態では、上昇・下降のどちらのトレンドになるかはまだわかりません。株価が、高値を結んだ上値抵抗線を上に抜ければ上昇トレンド、安値を結んだ下値支持線を下抜ければ下降トレンドへとつながる可能性が高まることになります。

三角保ち合いは、全体相場がもみ合っている際などによく見られる形であるうえ、わりとわかりやすいトレンド転換のシグナルなので、ぜひ覚えておきましょう。

トレンドラインは誰でも簡単に見られるし、描ける

大事なのは、下値支持線や上値抵抗線、三角保ち合いが、多くの投資家に意識されているトレンド転換の分岐点ということです。その分岐点を意識する投資家が多ければ多いほど、その分岐点をもとにした投資行動をとる投資家が増えますから、結果として株価の値動きもその通りに動きやすくなるわけです。鮮明なトレンドラインが引けるチャートになっていれば、その分、トレンド転換のシグナルとしての有効度も上がります。

トレンドラインによる分析は、ローソク足チャートさえ見られる環境があれば誰でも行うことができます。今は実際の株価チャート上にトレンドラインを引けるツールが数多くありますし、線を数本描けばいいだけなので、作業的にも難しくありません。売り・買いのタイミングを見極める際に、自分でラインを引いてみることをお勧めします。

ローソク足の形が三角形のようになる三角保ち合いは要チェック。その後のトレンドが上昇なのか下降なのかの重要な分岐点！

チャートパターン

人も株価も見た目が10割

チャートの値動きが示すいくつかのパターン。
これが出たら、エントリーのチャンス到来。
トレンドの転換点を見逃すな！

Part 4

チャートパターン
かず流
今日は飛び込み
営業よ！
アポなし
営業っすか？
そうよ
さっそく
行って
らっしゃい！
はい～
おっ
戻ってきた
とて
とて
先輩～！
Vアーク
やりまし
たよ～！
ぱ～～～んっ
うんうん
ドドドド
センパーイ
センパーイ
聞いてますか？
Vの字って
ことは
ビクトリー
成功ね！
聞いてない
ぶいぶいぶい
最初すげなく
断られそうに
なったんですが
見事に
V字回復で
商談にこぎ
つけました！
でかした
かず流！
次もその調子で
行ってきなさい！

チャートパターン

株価やFXなどの値動きは細部に惑わされず、全体を俯瞰して見ることが大切。値動き全体がどんな形になっているかで今後の行方を予想することができます。ぜひ、覚えてください。

チャートの軌跡を見れば、将来の値動きが予測できる

ここまでテクニカル分析の基本であるローソク足やトレンドラインについて解説してきました。これだけでも、様々な分析ができるのですが、ここでは特徴的なチャートパターンから将来の株価のベクトル（方向性）を予測していきたいと思います。

例えば、日足のローソク足では、その日の始値や終値、高値や安値が一目でわかるようになっています。この1本のローソク足が時間の経過とともに複数になることで、様々な形状となり、株価の方向性を示唆してくれます。人付き合いにも同じことがいえるかもしれませんね。例えば、出会った初日の印象は良くても、何度かデートを重ねるうちに嫌なところばかりが目立っていくといったことは珍しくありません。基本的に、株やＦＸなどの投資では、できるだけ過去の値動きを検証し、行動パターンを分析することが大切なのです。

難しく考えることはありません。最低限覚えておきたい形は数パターンですし、それ

ぞれに覚えやすい名称がついています。もちろん、100%その通りに動くわけではありませんが、過去の経験則からそうなる可能性が非常に高いのです。上がるか下がるか、〝フィフティー・フィフティー〟のギャンブルではなく、テクニカル分析などを活用して少しでも勝率を上げていきましょう。

覚えておきたいチャートパターンはそれほど多くありません。それらを活用すれば勝率は格段にアップするはずです。

ダブルボトム&ダブルトップはトレンド転換のシグナル

まずは、相場の底入れを示す「ダブルボトム」から。株価が大きく下落した後にいったん上昇し、再び前回下落した株価付近まで下落し、再度上昇に転じたときのチャート形状で、アルファベットの「W」のような形になります。この形が出現すると、底を打って上昇トレンドに入る可能性が高まります。

ここで注意したいのは、どこで買いエントリーするかということ。ポイントとなるのは、

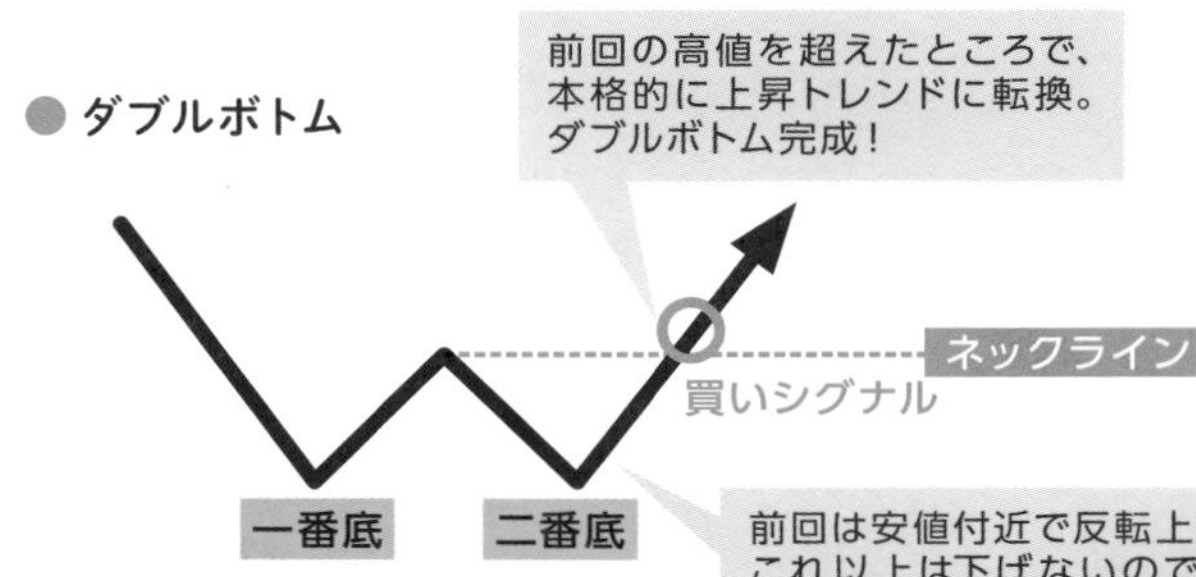

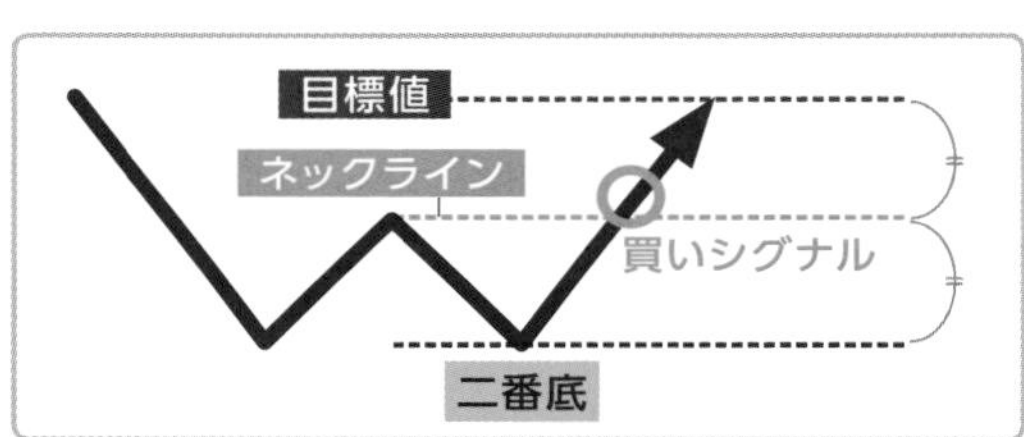

「ネックライン（一番底を形成した後の高値）」という中間高値です。図のように、株価がネックラインを超えて初めて上昇トレンドに転換したと判断します。さて、ネックラインを超えて、待ちに待ったダブルボトムが完成、ついに買いのシグナルが点滅しました。ここでは買いでエントリーすると同時に、目先の利益確定の目安（目標値）をつけておきましょう。ここでもポイントとなるのはネックラインです。二番底からネックラインの値幅をそのままネックラインの価格に上乗せしたところが目先のターゲットです。

相場の底入れを示すダブルボトムは、アルファベットのWが目印。ネックラインが大切なポイントです。

● ダブルトップ

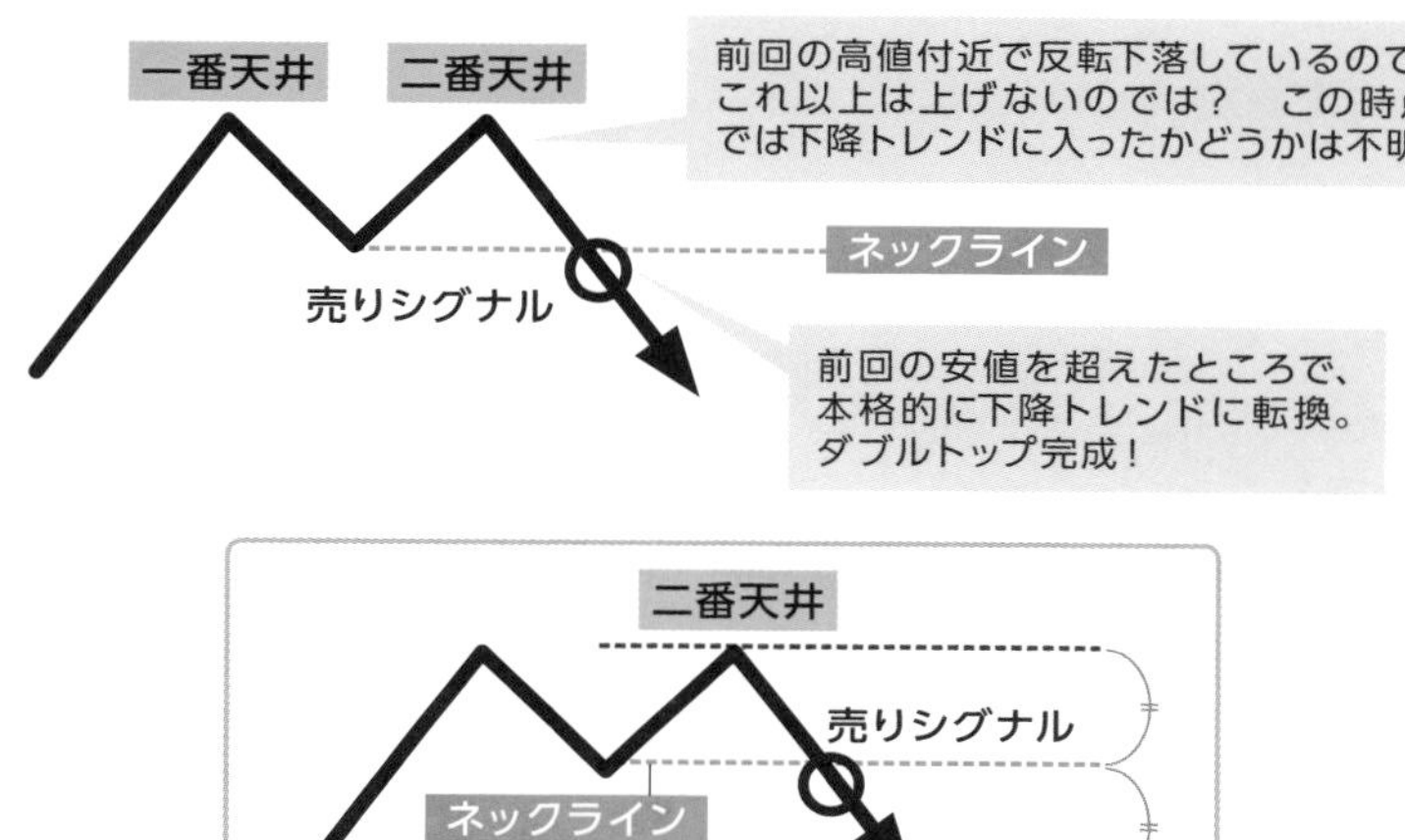

次に「ダブルトップ」。こちらはダブルボトムと正反対で、相場の天井を示すチャートパターン。天井が2つあり、アルファベットの「M」のような形になります。先ほどのダブルボトムの「W」をひっくり返した形ですね。株価が大きく上昇した後にいったん下落し、再び前回上昇した株価付近まで上昇し、そこから下落に転じたケースです。

このパターンでは、一番天井を形成した後の安値がネックラインとなり、ここを株価が割り込んで初めてダブルトップが完成、下降トレンドに転換した（売りシグナルが発生）と判断します。目先のターゲットは、二番天井からネックラインまでの値幅と同等になります。

出現率の低いヘッドアンドショルダーズは信頼度もアップ！

ダブルボトムやダブルトップに比べて、出現率が低いのが「ヘッドアンドショルダーズボトム（逆三尊）と、ヘッドアンドショルダーズトップ（三尊）」です。出現頻度が低い分、さらに高い確率でのトレンド転換が期待できます。ヘッドアンドショルダーズは、チャートの形状が人型のようにヘッド（頭）とショルダー（肩）で構成されています。わかりやすく解説するために、まずは相場の天井を示すヘッドアンドショルダーズトップから解説していきましょう。

ヘッドアンドショルダーズトップは、３つの山と２つの谷で形成され、真ん中の山が一番高い形となります。両脇の山がショルダーで、真ん中の山がヘッドのように見えることからその名前がついています。日本では釈迦の左右に菩薩が配置された三尊像に似ていることから「三尊」とも呼んでいます。

チャートが最初の山を形成した後、その山の高値を更新しヘッドアンドショルダーズトッ

● ヘッドアンドショルダーズトップ

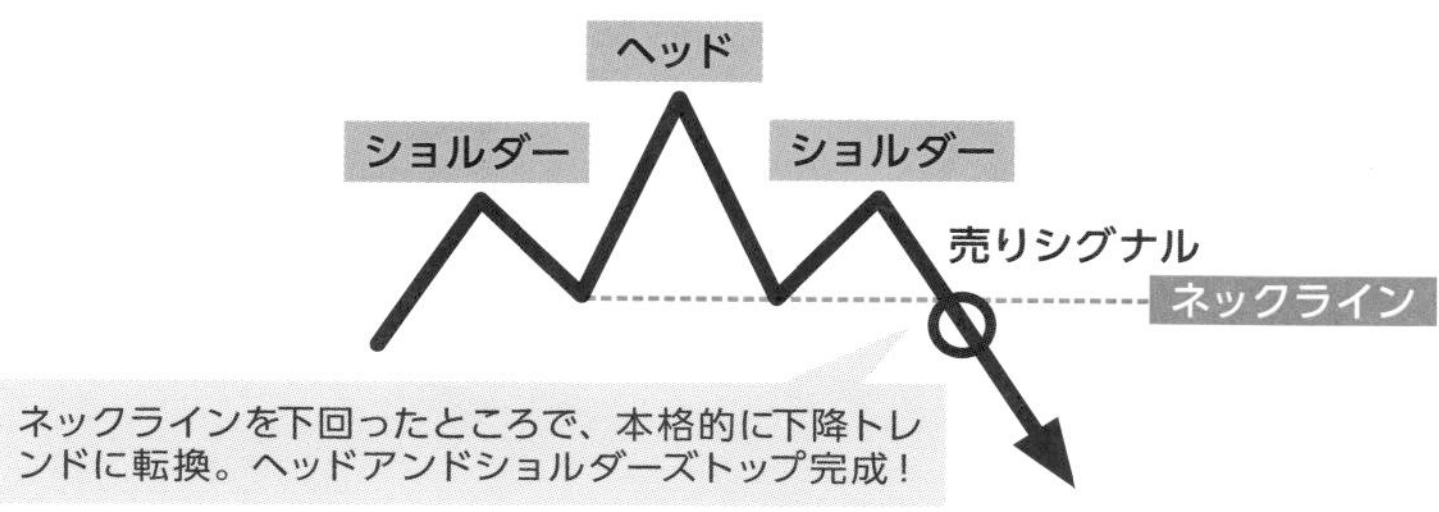

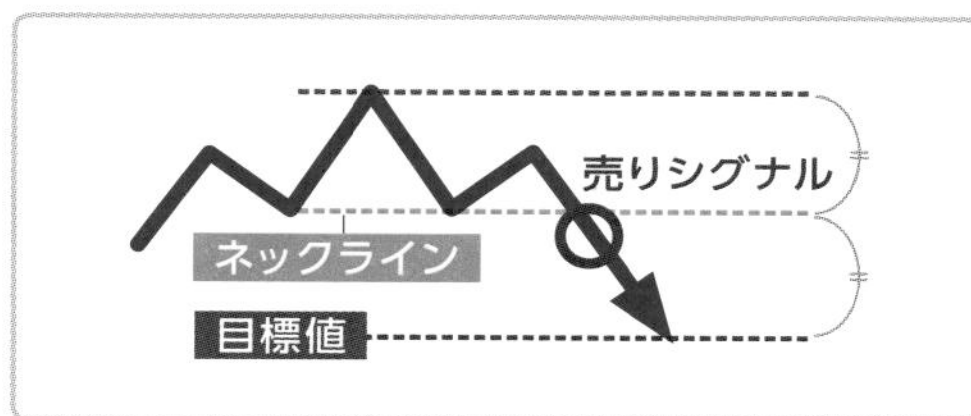

プのヘッドが形成されます。高値を更新した時点では上昇の勢いはまだあることを示していますが、前回の戻り安値とほぼ同値あるいはそれ以下に下落すると売り圧力が強くなってきます。その後、反発するものの前回の高値（ヘッド）を更新することなく最初の戻り安値と次の戻り安値を結んで引いたネックラインを下抜けることで上昇トレンドの終息サインとなり、売りシグナルが発生。ヘッドアンドショルダーズトップの完成となります。どこまで下がるかの目安は、一番高い山の頂点とネックラインの値幅と同じ値幅分、値下がりした価格になります。

POINT!
真ん中の山が高い人型のチャートは弱気のサイン。

● ヘッドアンドショルダーズボトム

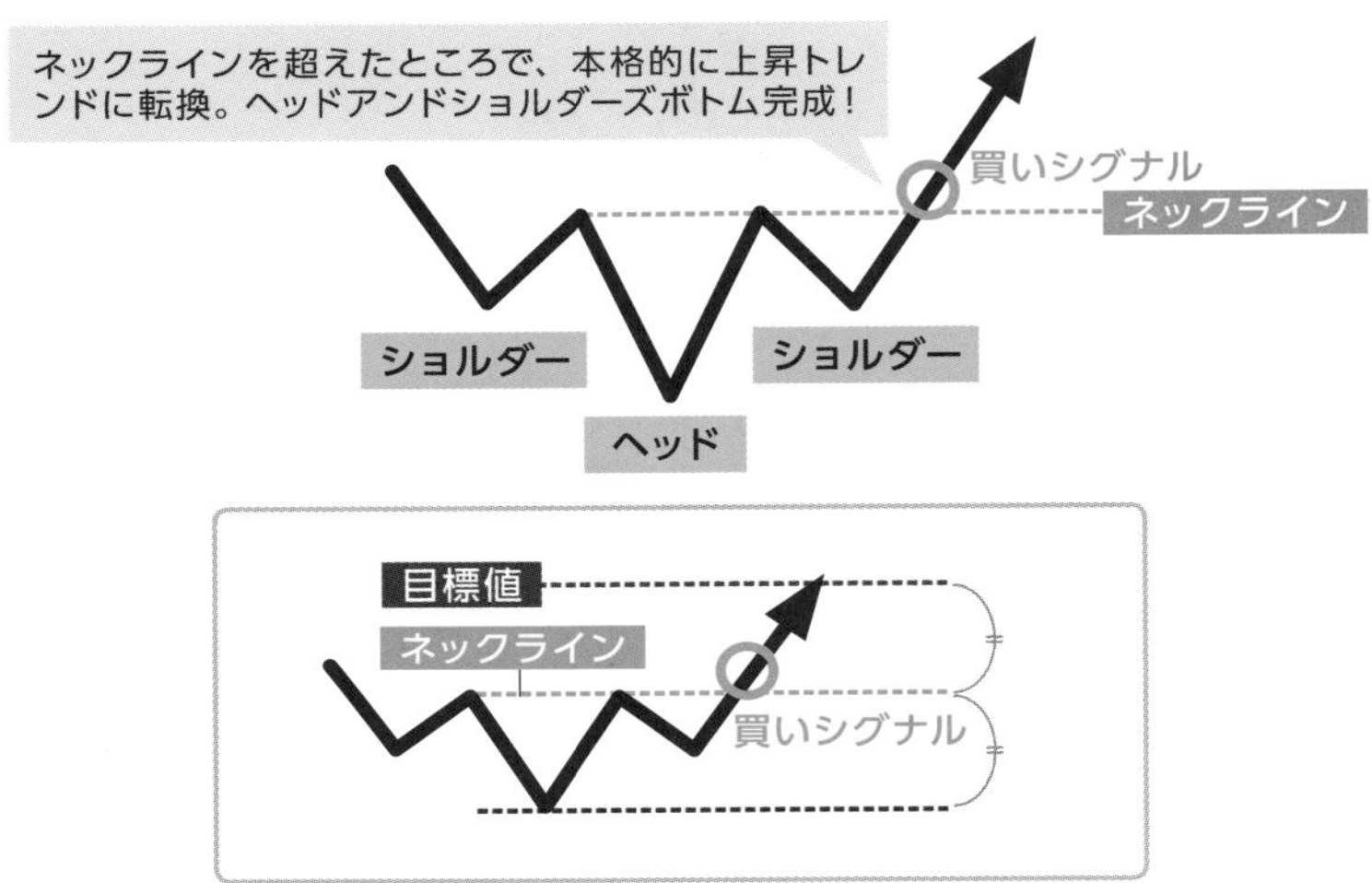

一方、相場の底入れを示し、上昇のサインとなるのがヘッドアンドショルダーズボトムです。ヘッドアンドショルダーズトップを逆さにしたチャート形状になり、逆三尊とも呼ばれています。

チャートが最初の谷を形成した後、その谷の安値を更新しヘッドアンドショルダーズボトムのヘッドが形成されます。安値を更新した時点では下落の勢いがまだあることを示していますが、前回の戻り高値とほぼ同値あるいはそれ以上に上昇すると買い圧力が強くなってきます。その後、反落するものの前回の安値（ヘッド）を更新することなく、最初の戻り高値と次の戻り高値で引いたネックラインを価格が上抜けることで下降トレンドの終息サインが点灯。買いシグナルが発生し、ヘッドアンドショルダーズボトムの完成となります。どこまで上昇するかの目安は、一番低い谷とネックラインの値幅と同じ値幅分、上昇した価格になります。

人型のヘッドアンドショルダーズトップをひっくり返したチャート形状がヘッドアンドショルダーズボトム。信頼度の高い買いシグナルです。

ダブルトップやダブルボトム、さらに信頼度が高いヘッドアンドショルダーズトップやヘッドアンドショルダーズボトムと、それぞれの目標値の考え方を紹介しましたが、目標値はあくまでも目先のターゲットです。相場に勢いがある場合は、持っているポジションの一部を利益確定し、さらに値幅を狙っていくのもいいでしょう。その場合も、テクニカル分析を活用して、第2のターゲットを決めましょう。

株やFXなどは、損失をできるだけ小さく抑えて、多くの利益を狙う「損小利大」が基本です。極端な話、これさえできていれば、勝率は5割を下回っても「勝ち組」の仲間入りができるのです。

たまったエネルギーが爆発し、価格が大きく動く「三角保ち合い」

Ｐａｒｔ３のトレンドラインの解説で触れた「三角保ち合い」も代表的なチャートパターンのひとつです。ここでは、その三角保ち合いをもう少し深掘りしていきましょう。三角保ち合い（「トライアングルフォーメーション」ともいいます）は、株価が上下しながらも横ばいの動きを続け（保ち合い）、その上下の動きがだんだん小さくなって、チャートの形が三角形のようになるチャート形状です。その後、上下に大きく動く可能性が高まります。一般的には保ち合いの期間が長ければ長いほどエネルギーをため込んで、より大きく動くと考えられています。チャートも人間と同じで、ずっとガマンしていると、たまりにたまってついにはキレて（爆発して）しまうものなのです。

三角保ち合いには、三角形の形によって、次の３つのパターンが存在します。

①　強気の三角保ち合い
②　弱気の三角保ち合い
③　均衡している三角保ち合い

三角形の形状に注目し、頂点をつけたところでエントリー

ラインを引いたときに、三角形の左上が直角になる三角形の保ち合いが①の「強気の三角保ち合い」です（72ページの図参照）。株価が上昇と下落を繰り返すなかで、投資家が前回の安値まで株価が下落するのを待てずに買いを入れてくるため、安値が切り上がってくる形です。このチャート形状が現れるのは、「この先、株価は上がる！」という先高観が強く、投資家が強気になっているとき。頂点をつけた後に上昇する確率が高くなります。

ラインを引いたときに、三角形の左下が直角になっている三角形の保ち合いが②の「弱気の三角保ち合い」になります。強気の三角保ち合いの三角形を上下逆にした形で、徐々に上値が切り下がってくるパターンになります。下値は一定で底堅く安定しているものの、上に戻る力が弱いため、「前回の高値まで上昇しないだろうから、とりあえず前回の高値より下でも売っておこう」と徐々に注意を払う投資家が増えているパターンです。

その後、三角形の頂点から下に均衡が破られたときに、投資家は一斉に損失を確定させ

●3パターンの三角保ち合いの応用

❶強気の三角保ち合い

上放れしやすい!?

買いシグナル

買いが強いため下値が
切り上がります

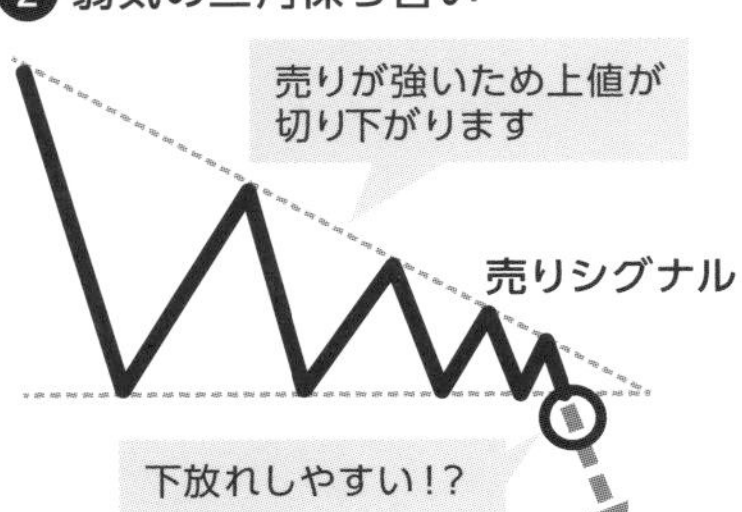

❸均衡している三角保ち合い

買いシグナル

売りと買いの力が均衡
している。上下どちらを
ブレイクアウトするのか
が予想しづらい

売りシグナル

る損切り決済（ロスカット）を行ったり、新規売りを行う参加者も多くなります。このため、三角形の左下が直角になっている三角保ち合いの形で価格が安値を割り込んだときは、その後下落する確率が高くなります。

比較的きれいな二等辺三角形となるのが③の「均衡している三角保ち合い」です。高値が徐々に切り下がると同時に、安値も徐々に切り上がってくることで振幅が小さくなる形です。つまり、これから株価が上がるという先高観を持った投資家と、これから株価は下がるという先安観を持った投資家が均衡しているので、頂点が形成されるまでは上下どちらに動くかわからないと考えられます。戦略としては三角形の頂点から上下どちらかにブ

● 三角保ち合いのブレイクアウト

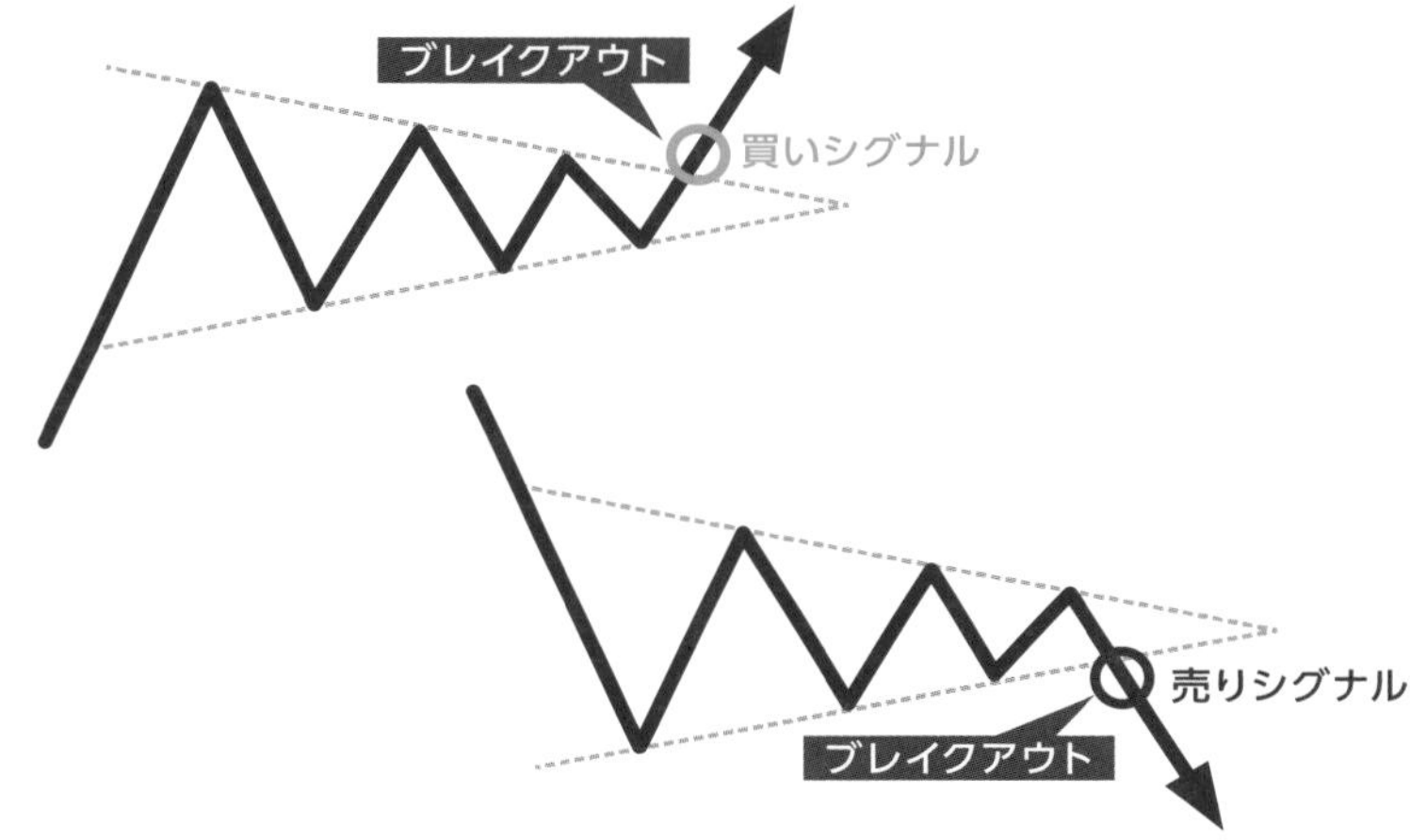

レイクアウトすればその瞬間が売買シグナルになります。つまり、上放れすれば買いシグナルになりますし、下放れすれば売りシグナルとなるわけです。

POINT!

三角保ち合いは相場がパワーをためている証拠。ガマンできなくなって、大きく動き出すサインです。

以上、基本的なチャートパターンについて解説してきましたが、これ以外にも「ソーサートップ」や「ソーサーボトム」「ラインフォーメーション」「スパイクフォーメーション」といったものもありますので、勉強してみてはいかがでしょうか？

投資スタンスによって、使用するチャート期間も異なる

ローソク足チャートには、1日の値動きを示す「日足」、1週間の動きを示す「週足」、1か月間の値動きを示す「月足」など、様々な時間軸のローソク足が存在します。これらの集合体であるチャートパターンは、使用するローソク足の時間軸が異なれば、形も大きく変化します。では、どのローソク足を使えばいいのでしょうか？　それは、ご自身が想定する投資期間によっても異なってきます。

例えば、数週間を目安に投資するスイングトレードでは、日足チャートなどが適していますし、数カ月もしくは数年間にわたる中長期投資では週足や月足などを参考に売買タイミングを決めていきます。また、1日のうちに売買を完結させるデイトレードであれば、分足や時間足を使うこともあるでしょう。

今では、ネット証券の情報ツールで様々な種類のローソク足を表示することができますので、時間軸の異なるローソク足を表示させて、売買タイミングを考えてみましょう。

移動平均線

落第点、合格点も平均点次第

移動平均線は株価の平均点です。
株価が平均点よりも上にいれば
さらに上を目指すし、
平均点より下ならやる気はダウン…。

Part

5

移動平均線
ドーン
本日の営業会議を開く！
営業報告
営業1部　成績
500万円
かず流
今月の営業部の平均点は800万円
ちらっ
平均点以下は
かず流マイナス300万円っ！
営業1部
部の平均
500万円
かず流
ガーン
ヤバッ

また
平均点
以下かっ
アハハ…
も～
努力が
足りないのよ
あ
みい咲先輩！
こらかず流
笑ってるん
じゃない！
ガッ
ビクッ
スミマセン
へらへらと!!
先輩～
僕どうしたらっ
うっ
うっ
泣かないでよ…
とにかく平均点を
超えることを
目標にして
はぁ…
平均点か
ほら
ため息ついてないで
チャレンジよ！
ポンッ

かず流は
ひたすら成績を
上げることに集中し
がむしゃらに
走り回っていた

いってきます
頑張るのよ
ぐっ

次の会議が楽しみね

やったっ！でかい商談が獲れた！
ただいまい！
おぉ〜!!
会議の日

移動平均線

何事も平均点は大切。値動きの平均値を示したものが移動平均線です。平均点より上か下か、平均点が上向きか下向きかなどで「値動きの勢い、方向性」が判断できます。

移動平均線はトレンド分析の代表格

冒頭のマンガでかず流は、所属営業部での成績が平均点以下になったことで焦りを感じましたね。照れ隠しから苦笑したことで、部長から叱責（しっせき）されて、まさに踏んだり蹴ったり。人並み以下となる平均点以下の成績は、やはり営業マンとして問題です。困ったかず流に「助け舟」を出したのが成績バリバリの先輩みい咲。そのアドバイスは「とにかく平均点を超えることを目標にして」というものでした。平均点という目標を見つけたかず流は営業に邁進（まいしん）して、目標である平均点を上回ります。この結果を受けて、部長からは褒められ、かず流は一段と仕事へのやる気を高めることになりました。

何事でも平均点を上回るか下回るかは大切なことであり、分岐点となります。平均点を下回っている場合は平均点を目先の目標値として、平均点を上回っている場合はこれを下回ることがないようにする下値メドの水準となります。さらに、かず流が平均点を上回ることによって、全体の平均点も上昇するという水準の底上げ効果もあります。このように平均点を意識することは非常に重要なことなのです。

ここで挙げた平均点は、投資のテクニカル分析では「移動平均線」に該当します。

移動平均線は、英語ではムービング・アベレージ（Moving Average）と呼ばれ、その欧文の頭文字をとって「ＭＡ」と表記されることもしばしばあるので覚えておきましょう。

チャートのローソク足に絡むように描かれる移動平均線は、一定期間の価格（株価など）の終値の平均値をつなぎ合わせた折れ線グラフで描画されます。移動平均線は、チャートを使ったテクニカル分析の第一歩ともいえ、通常はローソク足と一緒にチャート上に描かれて、トレンド分析の代表格として利用されています。最もポピュラーなテクニカル分析で、株価の傾向や流れなど、相場の方向性を見る手掛かりとなります。一定期間の動きを平滑化して相場のトレンドを見極められるほか、その期間の市場参加者が売買した株価の平均コストでもあるのです。

移動平均線は平均点をつなぎ合わせたライン。
平均点を下回っている場合は目先の目標値に、上回っている場合は下値メドになります。

メジャーな単純移動平均線をまず理解しよう

一般的に移動平均線は、終値の平均値をシンプルにつなぎ合わせた「単純移動平均線」（略称記号はＳＭＡ）がメジャーな移動平均線です。直近の価格に比重を置いて算出された「指数平滑移動平均線」（ＥＭＡ）、一定期間の価格を過去になるほど低く、直近になるほど高く評価して算出する「加重移動平均線」（ＷＭＡ）などもあります。

単純移動平均線では、１００日前の数字も昨日の数字も平等に扱って合計したものを割って計算します。ただ、相場変動を予想するためには、１００日前の数値と最も直近の前日の数字を平等に扱わず、直近の値動きをより重視することで、より精度の高い予想ができるという考えから、指数平滑移動平均線と加重移動平均線は生まれました。

指数平滑移動平均線は、個別の価格データへの加重を過去の価格ほど「指数関数的」に減少させて、平均値を算出しています。加重移動平均線は、直近の価格データを10倍、その前日の価格データを9倍、10日前の価格データを1倍というように個別の価格データへ

● 移動平均線の種類

単純移動平均線	SMA	終値の平均値をシンプルにつなぎ合わせた平均線
指数平滑移動平均線	EMA	直近の価格に比重を置いて算出
加重移動平均線	WMA	過去は低く直近ほど高く評価して算出
三角移動平均線	TMA	期間の中央の日に大きなウェイトを掛けて算出
正弦加重移動平均線	SWMA	加重移動平均の一種で、三角移動平均に類似

の加重を線形的に減少させて平均値を算出します。欧米では比較的よく利用されている移動平均線です。

指数平滑移動平均線と加重移動平均線の違いは、直近の価格に対する比重が「指数平滑移動平均線>加重移動平均線」となることです。また、直近の価格に比重を置いた指数平滑移動平均線と加重移動平均線は、単純移動平均線より値動きに敏感に反応するため、売買シグナルが早く出現しやすいことが特徴となっています。

このほか、中央の日に大きなウェイト（整数）を掛けて算出する「三角移動平均線」や「正弦加重移動平均線」などもあります。

POINT!

終値の平均値をつなぎ合わせた単純移動平均線をまず制覇。

移動平均線は期間設定が重要な意味を持つ

移動平均線は日数など、期間の設定が大きな役割を果たしています。よく使用されるチャートの移動平均線の期間設定は、日足で5日、25日、75日、100日、200日、週足で9週、13週、26週、52週、月足で6カ月、12カ月、24カ月、60カ月です。なかでも、日足では5日と25日、週足では13週と26週が最も利用頻度が多いといっても過言ではありません。

移動平均線の計算式は、過去N日間（取引が実施された立会日ベース）の終値の平均値を使います。株価の場合は、配当や株式分割など各種権利落ちは修正して算出します。5日移動平均線のデータ算出式は、「（当日終値＋前日終値＋2日前終値＋3日前終値＋4日前終値）÷5」となります。これを1日たつごとに新しい株価を入れる一方、最も古い株価をひとつ外して毎日同じ計算を繰り返し、日々の5日間の平均値を1本の線で結びます。これが5日移動平均線です。後のページで説明しますが、5日移動平均線は、下値支持線（サポートライン）や上値抵抗線（レジスタンスライン）などでよく利用されます。

● 基本的な移動平均線の期間（日数）

日足	5日、25日、75日、100日、200日	短中期トレンドを読むうえで最もポピュラー
週足	9週、13週、26週、52週	中長期的な相場の方向性を読む
月足	6カ月、12カ月、24カ月、60カ月	長期のトレンドを追うことに利用される

※期間（日数）の強調文字は主に利用される数値。

● 単純移動平均線の計算式

N本（日・週等）移動平均線の場合

（直近の終値 ＋ 1本前の終値 ＋ 2本前の終値 …＋ (N-1)本目の終値）÷N

例 5日移動平均線の場合

5日移動平均線 ＝（当日終値+前日終値+2日前終値+3日前終値+4日前終値）÷5

5日移動平均線と25日移動平均線を採用した日足チャートは、比較的、短期のトレンドを読むときに活用され、13週移動平均線（過去約3カ月間の株価を平均化）と26週移動平均線（過去約6カ月間の株価を平均化）を描画した週足チャートは、中期的な相場の方向性を読むときに活用されています。

また、日足チャートに200日移動平均線を加えて、この200日移動平均線を5日移動平均線および25日移動平均線が上回った場合、もしくは下回った場合は、相場の大きな転機と判断することもあります。

POINT!

5日・25日線は短期、13週・26週線は中長期の方向性を読む。

移動平均線の基本的な活用法

①移動平均線の向き、ローソク足との位置関係

基本的な見方として移動平均線が上向きなら相場の基調は上昇トレンド、横ばいなら方向感のない保ち合い・気迷い局面、下向きならば下降トレンドと判断することができます。さらに、ローソク足が移動平均線より上にあれば強い相場、下にあれば弱い相場と判断することができます。

そして、移動平均線の上部にローソク足があり、移動平均線が上昇過程にあるケースでは、この移動平均線がローソク足の下値支持線として働くことがしばしばあります。基調が強くトレンドが上昇を示唆していると、上昇する移動平均線が価格の短期調整時の下値メドとして機能するわけです。

逆に、移動平均線の下にローソク足があり、移動平均線が下落過程にあるケースでは、この移動平均線がローソク足の上値抵抗線として働くケースがたびたび見られます。株価の戻りのメドとして意識されるわけです。

● 移動平均線とローソク足の関係

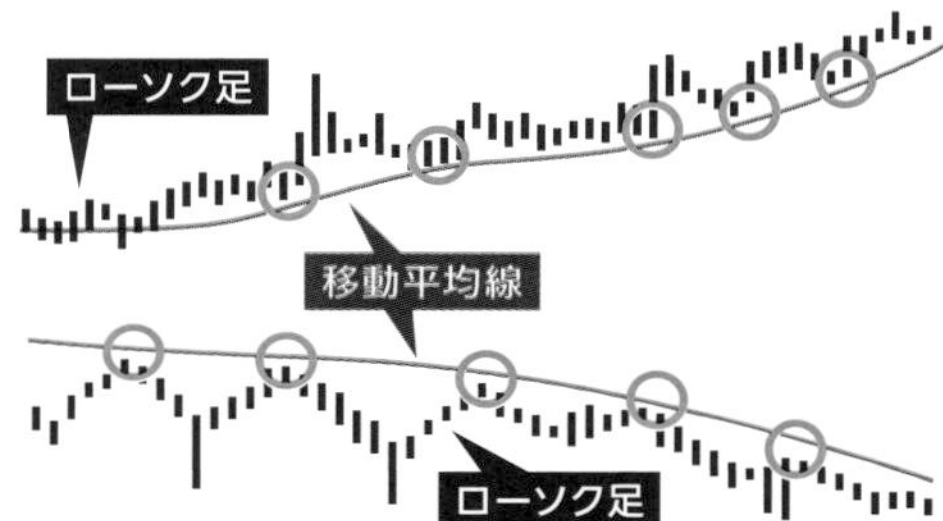

ローソク足と移動平均線がともに上昇基調にあるケースでは、上昇する移動平均線がローソク足の下値支持線として働き、下値を切り上げていく展開になりやすいです。

ローソク足と移動平均線がともに下落している局面では、ローソク足が移動平均線の上に抜けきれずに上値抑えの要因になります。

また、移動平均線と株価が大きくカイ離するケースも、売買のタイミングとして注目されます。好材料の出現など何らかの要因で株価が急騰して、移動平均線から大きく上方にカイ離すると、高値警戒感が生じます。一方、悪材料の表面化で株価が急落し、移動平均線から大きく下方にカイ離すると短期リバウンドの期待が意識されます。

現在の株価が移動平均線からどれくらい離れているかをパーセンテージ(%)で表したものを「移動平均線カイ離率」(Part9で紹介するオシレーター系指標の一つ)といいます。移動平均線に対して株価が離れ過ぎたカイ離率の拡大は株価が上下に行き過ぎた状態を示します。結果的に、株価は移動平均線の慣性力に引き戻され、行き過ぎを修正する動き(サヤ寄せ)を見せることになります。株価の天井圏、底値圏を判断し、相場反転のタイミングを予想することができ、主に逆張り投資で効果を見せます。

● 移動平均線とローソク足の関係

❶のように移動平均線からローソク足が大きく下方カイ離した場合、移動平均線に接近しようとする運動が働きます。しかし、❷のようにカイ離しても一段安があるなど、移動平均線からの下方カイ離の判断は慎重になる必要があります。

一方、❸の局面のように、株価の調整（下落）後、下降トレンドにブレーキがかかって上向きに転じた移動平均線が下値支持線として機能するケースもあります。

銘柄にもよりますが、5日移動平均線で10％、25日移動平均線では15％から20％以上離れると、移動平均線に接近しようとする運動が働くといわれています。ただし、「落ちてくるナイフはつかむな」という相場格言が暗示する通り、株価の移動平均線からの下方カイ離はリスクも大きく、くれぐれも慎重に判断したほうがいいでしょう。

冒頭のマンガでは、かず流の営業努力が実り営業部の平均点を上回りました。上司の部長が「でかした」とかず流を褒めてニッコリとしたことからすると、営業部全体の成績も向上しているのでしょう。かず流の成績向上が営業部の一段の成績向上にもつながる期待が膨らみます。

POINT!

ローソク足が上昇基調の移動平均線より上にあれば強い相場、下ならば軟調相場を示唆しています。

移動平均線の基本的な活用法

❷ゴールデンクロスとデッドクロス

移動平均線は通常、５日移動平均線と25日移動平均線、13週移動平均線と26週移動平均線というように２本のライン、もしくは３本のラインを描画したチャートを表示して使用するのが一般的です。その２本の移動平均線が交わることで出現する最も有名な売買シグナルに「ゴールデンクロス」（ＧＣ）と「デッドクロス」（ＤＣ）があります。

ゴールデンクロスは、短期移動平均線（５日線・13週線）が中期・長期移動平均線（25日線・26週線）を下から上に突き抜けた場面を指します。直近の価格傾向が上向きに転じたと見られるため、一般的には買いシグナルとされ、相場トレンドの上昇局面入りを示唆するものです。

対照的に、デッドクロスは短期移動平均線（５日線・13週線）が中期・長期移動平均線（25日線・26週線）を上から下に突き抜けた場面を指します。

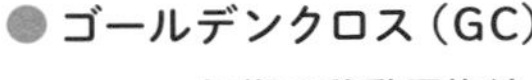

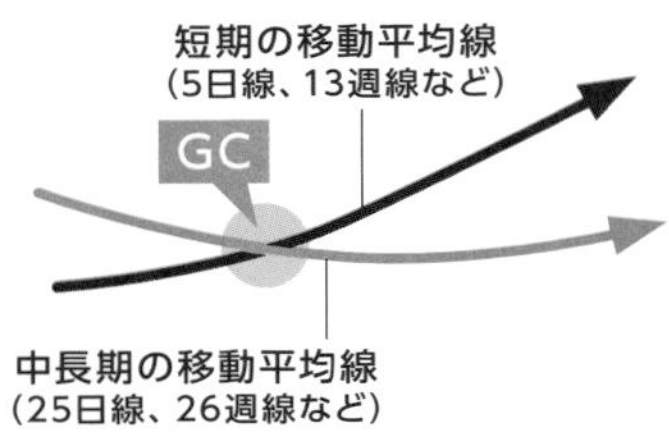

チャート上では

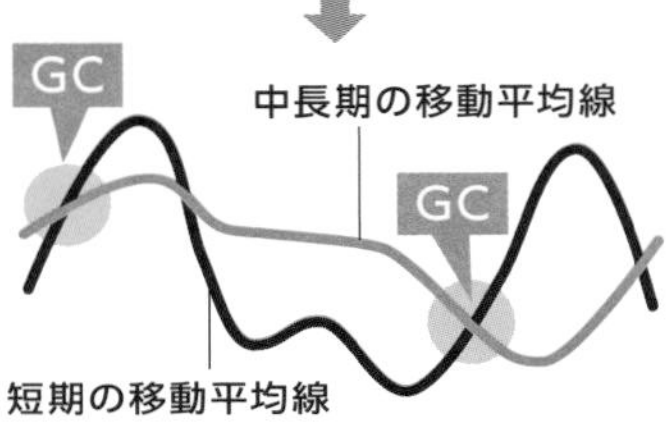

デッドクロス（DC）

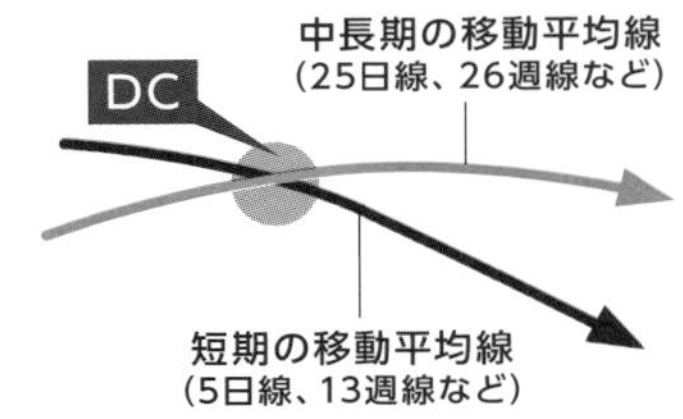

チャート上では

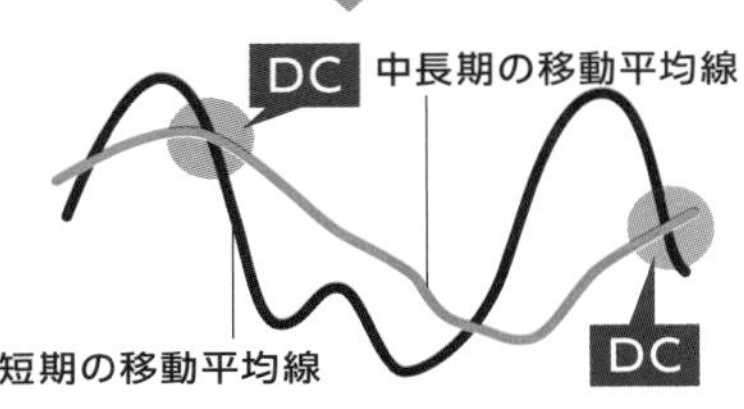

デッドクロスは売りシグナルとされ、相場の下落局面入りを示唆するとされています。海外では「デスクロス」というようです。ただし通常は、短期移動平均線がすでに下落局面に入っているケースで見られることから、実際の価格形成よりも時間的には遅行して出現することに注意が必要です。

ゴールデンクロスにも留意点はあります。移動平均線が下降トレンドのなかで発生した場合は、トレンドの上昇局面には移行せず「ダマシ」となるケースもあるのです。

POINT!

ゴールデンクロスは買いシグナル、デッドクロスは売りシグナル。ダマシに注意！

8つの売買ポイントを示唆する「グランビルの法則」

株価のテクニカル分析において移動平均線を使った最も有名で、基本的なテクニックに「グランビルの法則」があります。日本の高度経済成長期にあたる1960年代に、米国ウォール街の通信社の記者で著名チャーティストでもあったジョセフ・グランビル氏が考案したとされ、移動平均線と株価の位置関係から売買のポイントをまとめたものです。株式市場の世界では最も普及した移動平均線を活用したテクニカル分析です。

「グランビルの法則」は移動平均線と株価のカイ離の仕方や方向性に注目し、株価の先行きを判断する株式投資理論で、4つの買いシグナルと4つの売りシグナルを示す8つのパターンを持つことが特徴です。

買いシグナルは、

❶移動平均線がある程度の期間下降した後で横ばいになるか、あるいは少し上昇基調に転じた状態で、株価がその移動平均線を下から上に突き抜けたとき。

❷上昇トレンドにある移動平均線を、株価が下抜けた後、再上昇に転じたとき。

❸株価が移動平均線よりも大きく上方にカイ離した後に下落したが、移動平均線まで落ちずに再度上昇したとき。

❹株価が下落基調の移動平均線の下にあって、移動平均線から大きく下方カイ離したとき(自律反発の期待)。

売りシグナルでは、

❺移動平均線がある程度の期間上昇した後で横ばいになるか、あるいは少し下落基調に転じた状態で、株価がその移動平均線を上から下に突き抜けたとき。

❻下降トレンドにある移動平均線を株価が上抜けた後、再下落に転じたとき。

❼株価が移動平均線よりも大きく下方にカイ離した後に株価は上昇したが、移動平均線まで届かずに再度下落したとき。

❽株価が上昇基調の移動平均線より上にあって、移動平均線から大きく上方カイ離したとき(反落する可能性)。

となります。最もポピュラーな売買テクニックの法則なので、ぜひ覚えておきましょう。

「グランビルの法則」は200日移動平均線がベースだが、トレードスタンスによって、5日、25日など使い分けよう。

グランビルの法則　8つの売買ポイント

買いシグナル

1 移動平均線がある程度の期間下降した後で横ばいになるか、あるいは少し上昇基調に転じた状態で、株価がその移動平均線を下から上に突き抜けたとき

3 株価が移動平均線よりも大きくプラスにカイ離した後に下落したが、移動平均線まで落ちずに再度上昇したとき

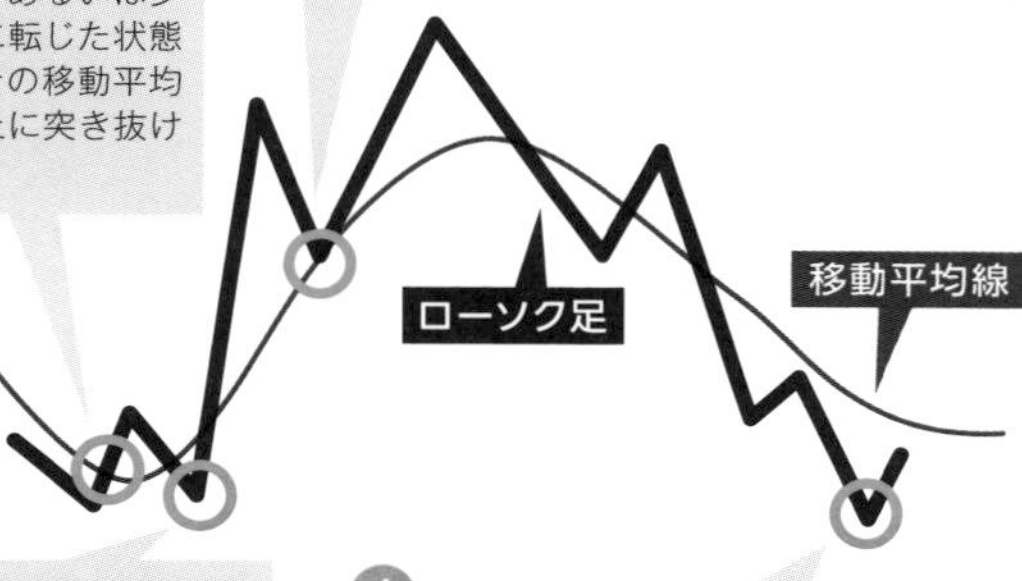

2 上昇トレンドにある移動平均線を株価が下抜けた後、再上昇したとき

4 株価が下落基調の移動平均線より下にあって、大きくカイ離したとき（自律反発が期待できる）

売りシグナル

8 株価が上昇基調の移動平均線より上にあって、移動平均線より大きくカイ離したとき（反落する可能性がある）

6 下降トレンドの移動平均線を株価が上抜けた後、再下落したとき

7 株価が移動平均線よりも大きく下方カイ離した後、株価は上昇したが、移動平均線まで届かずに再度下落したとき

ローソク足

移動平均線

5 移動平均線がある程度の期間上昇した後で横ばいになるか、あるいは少し下落基調に転じた状態で、株価がその移動平均線を上から下に突き抜けたとき

移動平均線で相場先読み力をパワーアップ

テクニカル分析においては移動平均線やカイ離率は、株価のトレンド転換やピークやボトム、売買タイミングの目安を占ううえで、強力なツールとなります。ただ、日々の出来高が薄く株価の変動率（ボラティリティ）が大きい銘柄は移動平均線にダマシも多く発生することから、活用には不向きな場合もあります。

それでも、移動平均線の活用方法を身に付ければ、株価チャートや相場展開を先読みする力は格段にアップします。ローソク足チャートを自分で作り、移動平均線を自分で計算する昭和の時代はすでに昔です。オンライン証券が持つ多機能チャートなどのツールは、テクニカル指標を簡単に表示できる便利な機能が充実しています。それらを活用して、相場を判断するトレーニングを始める際、移動平均線はその基礎になります。

POINT!

投資家人気ランキングNo.１の移動平均線、いまやスマホやパソコンで簡単に表示できます。

Part 6

MACD

愛は逆境の中で生まれる

転職や結婚など、
人生には大きな転機があるものです。
それぞれの転機は後になって気が付くものですが、
相場にはシグナルがあります。

MACD

いや〜
嫁とのなれそめ話
なんて照れちゃうな

部長の奥さんって
大学の同級生
なんですよね？

そうだよ
何で知ってるの？

ひよこっ

この前
かず流に聞いたんですけど

結婚の決め手って
何かあったんですか？

興味津々。

みい咲さんも
何か考えてるのかなぁ？

ニコ

な…
何ですか？

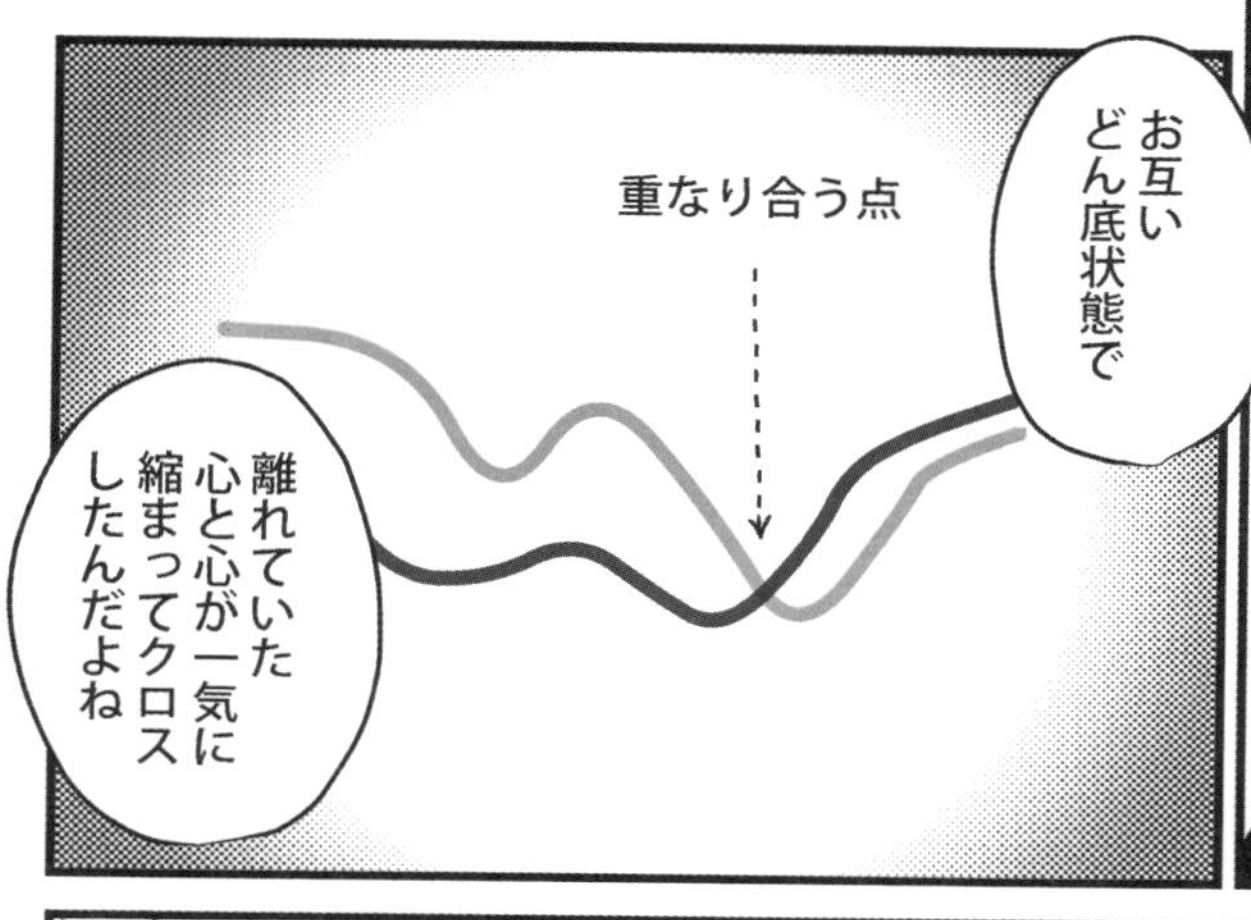

MACDとは？

MACDは短期と長期の移動平均線の間隔を指標化したものです。人生に転機があるように、値動きがどん底から回復したり、絶頂から衰退したりする転換点を察知できます。

テクニカル分析でトレンドの転機を捉える

人生には様々な「転機」があります。転校や転職、結婚など、人によってその転機も変わってきます。部長と奥さまのケースでは、転勤によって2人の心の距離がグッと近付いたわけですから、転勤が人生の転機だったことがはっきりとわかります。

時には転機に自分で気付かず、友人や同僚に指摘されることもあるでしょう。自分で気付けないのは、転機にそれとわかる明確な指標のようなものがないからです。後に過去を振り返ってみたときに、「ああ、あそこが転機だったな」と気付くことが多いのではないでしょうか。

ただ、株価の値動きについては、テクニカル分析を用いてその転機のシグナルを捉えることが可能です。また、そのシグナルは人によって変わることはありません。そのテクニカル分析を使っている人にとって共通の転機と捉えることができます（テクニカル分析の考え方、見方によって転機となる点が変わることはあります）。

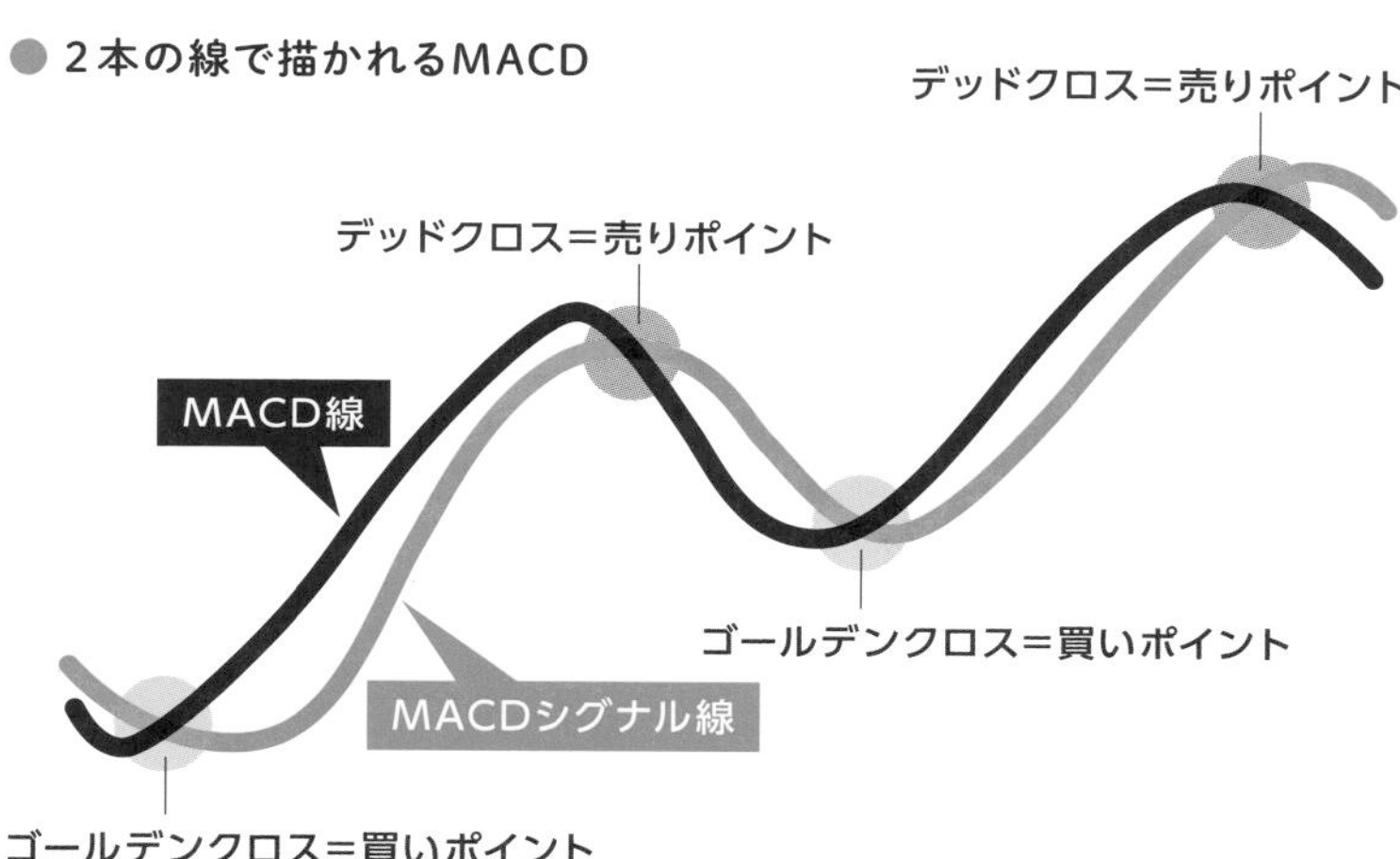

テクニカル分析には、株価のトレンドの転機を敏感に捉えて売買のタイミングを計る「トレンド系テクニカル指標」が数多くあります。Ｐａｒｔ２で説明したローソク足の分析もトレンドの転機を見つけ出すために役に立ちますし、移動平均線（Ｐａｒｔ５で紹介）や、ボリンジャーバンド（Ｐａｒｔ７）、一目均衡表（Ｐａｒｔ８）といったトレンド系指標は株価のトレンドの転機を見つけるための分析手法です。

その一方で、テクニカル分析には「オシレーター系」と呼ばれる指標も複数存在します。オシレーターとは振り子や振動するものという意味。テクニカル分析では、「売られ過ぎ」「買われ過ぎ」を判断する指標です（Ｐａｒｔ

9でRSIとストキャスティクスいうオシレーター系の指標を紹介します）。このPart6で紹介する「MACD（マックディー）」は、トレンド系が中心ではありますが、オシレーター系の要素も併せ持つ優れたテクニカル指標です。ぜひマスターして、トレードの精度を上げましょう。

直近の値動きを敏感に反映

では、MACDの見方を解説していきましょう。MACDは、「Moving Average Convergence Divergence」の略。和訳すれば「移動平均収束拡散法（しゅうそくかくさんほう）」。ローソク足チャート上に描かれる移動平均線の分析を発展させたもので、テクニカル分析の中でも多くの投資家の支持を得ています。SMA（単純移動平均）よりも分析の精度が上がっていて、トレンドが形成されたときには大いに力を発揮します。

計算式

短期EMA（指数平滑移動平均）－長期EMA＝**MACD線**

MACD自体のEMA＝**MACDシグナル線**

MACDで売買タイミングを見極める

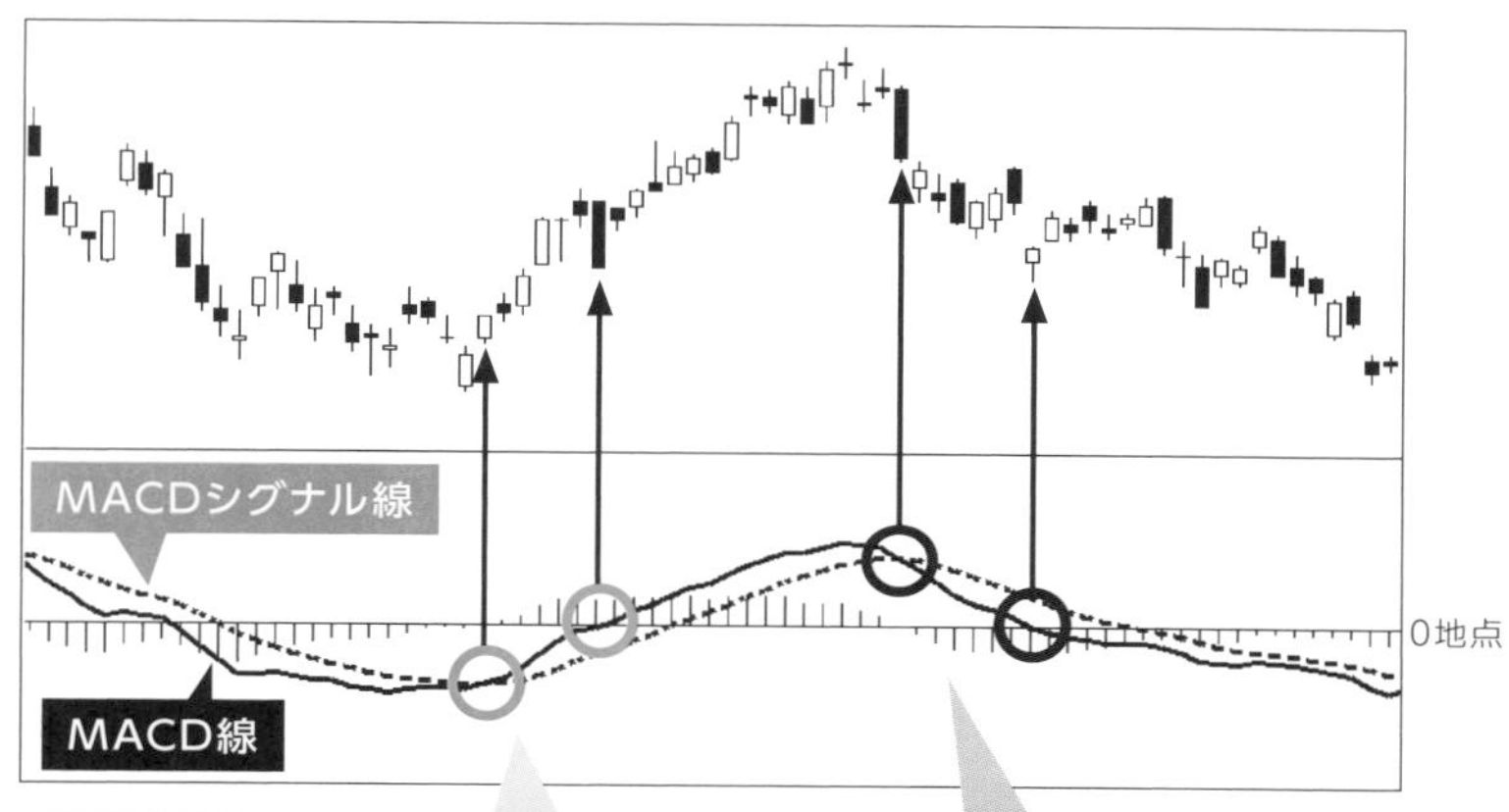

MACDは、「MACD線」と「MACDシグナル線」という2本のラインによって形成されます。それぞれこの計算式で算出され、それをつなげてグラフ化したものになります。SMAではなく、EMAが使われているところがポイント。単純な移動平均と比べて直近の値動きにより重きを置いているため、値動きに反応しやすい特徴があります。MACDでは、EMAを基にした2本のラインの動き方（両線の向きや間隔の拡大・縮小、交差など）でトレンドを読み取っていくわけです。

移動平均線を形成するための期間は、日足チャートの場合、基本的に短期EMAを12日、長期EMAを26日、MACDシグナル線を9日に設定します。より分析の精度を高めるなら、銘柄やマーケットの動向に応じて期間を調整する必要がありますが、それはテクニカル分析の上級者向け。まずは12、26、9の期間という設定でOKです。

MACDによる売買シグナルの見つけ方は、いたってシンプルです。ゼロ地点より下でMACD線がMACDシグナル線を下から上に抜ける、いわゆる「ゴールデンクロス」が出現したときが買いポイントになります。反対に、ゼロ地点より上でMACD線がMACDシグナル線を上から下に抜ける「デッドクロス」が出現したときが売りポイントです。

また、MACD線とMACDシグナル線が交差する角度が大きければ大きいほど、より強いトレンド転換のサインと見ることができます。このMACDのゴールデンクロスとデッドクロスを覚えるだけでも、かなり売買タイミングの精度は高まるはずです。売買のタイミングを誤りがちという場合は、まずこの2つのクロスを参考にするところから始めてみましょう。

POINT!

MACDは移動平均線（MA）の〝いとこ〟みたいなもの。
ゼロ地点より下での「ゴールデンクロス」出現は買いのタイミング！

● ヒストグラムで見えてくるもの

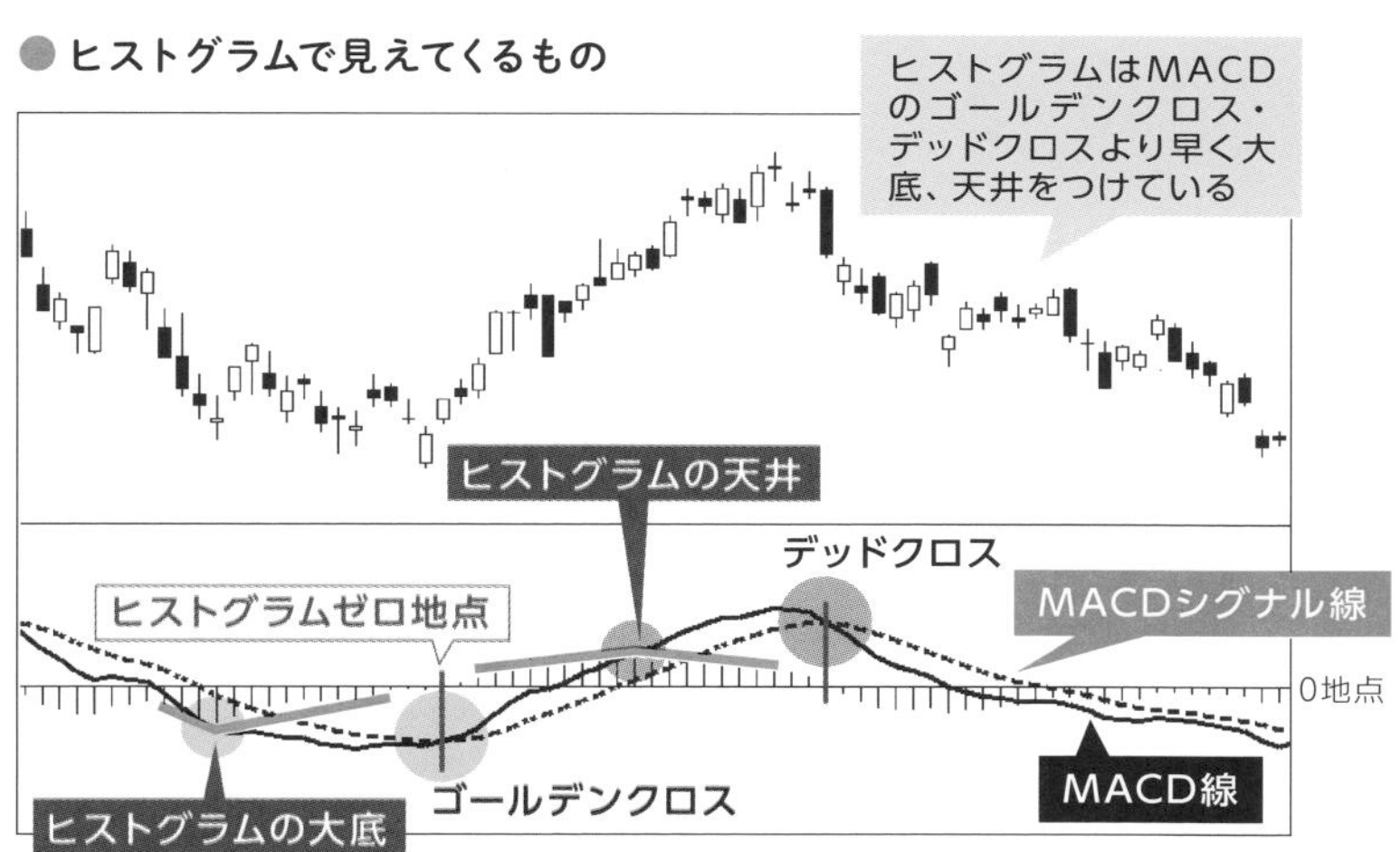

ヒストグラムのゼロ地点はとても重要

MACDには、MACD線とMACDシグナル線という2本のラインのほかに、2本のラインの差（カイ離）を表す「ヒストグラム」があります。主に棒グラフで表示されますが、2本のラインの動きをより詳細に捉えることができます。

ではいったい、ヒストグラムで何がわかるのでしょうか。ヒストグラムは2本のラインの差なので、2本のラインが交差した地点（＝ヒストグラムのゼロ地点）でゴールデンクロスまたはデッドクロスが出現します。ここが最初の買いポイント。もうひとつ、ＭＡＣＤ線がヒストグラムのゼロ地点を超えたら、その上昇トレンドを本物と判断することができるため、ここが追随買いのポイント（１０１ページの図参照）になります。デッドクロス出現時は、そこが最初の売りポイントで、そしてゼロ地点を下回ったところが追随売りのポイントになります。ＭＡＣＤのゼロ地点は、下から上に抜ければ上昇トレンドが強まっている、上から下に抜ければ下降トレンドが強まっていると判断できるため、要チェックです。

また、ヒストグラムの「ボトムアウト（大底）」、つまりはヒストグラムのグラフが下降から上昇に転じる点は、ＭＡＣＤのゴールデンクロスよりも先に形成されるため、買いのシグナルとしては最も早く現れることになります。ただし、ヒストグラムだけではトレンド転換のシグナルとしては弱いので、それ単体で売買のタイミングを決めてしまうのはリスキー。トレンド転換の予兆であり、ＭＡＣＤ上のゴールデンクロス、デッドクロス出現を匂わす現象程度に捉えておくほうがいいでしょう。

ＭＡＣＤ線が〝ゼロ地点〟を超えたら、追随買いで攻勢を強めよう！

● MACDのダイバージェンス

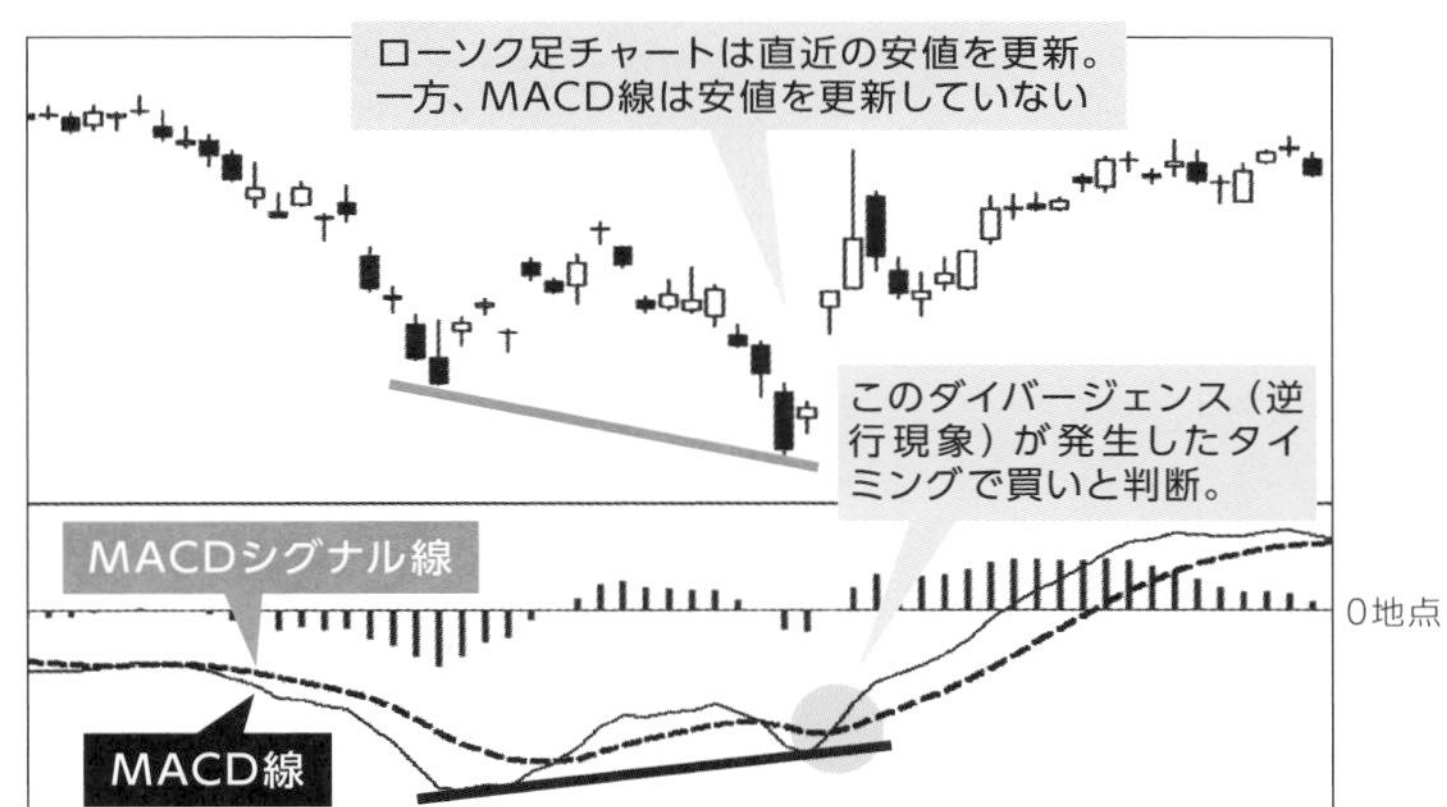

株価と指標が逆方向に動く「ダイバージェンス」

もう少し、MACDを掘り下げてみましょう。MACDは移動平均線をベースにしたテクニカル指標なので、基本的には株価が上がっていればMACDの2本のラインも上昇傾向になります。ただ、時にMACDと株価の動きが逆方向になることがあります。「株価は上がっているのにMACDの2本のラインは下がっている」、あるいは「株価が下がっているのにMACDの2本のラインは上がっている」という状況です。トレンドの方向を表すオシレーター系のテクニカル指標では、このように株価に対して指標が逆方向に動くことを「ダイバージェンス」といいます。

ＭＡＣＤでこのダイバージェンスが発生しているときは、「足元の株価自体は上がっているが、上昇トレンド自体は終わりに近付いている」と判断することができます。一方で、足元の株価が下がっているのにＭＡＣＤが上昇しているダイバージェンスが発生している場合は、「下降トレンドが終わりに近付いている」と考えられ、株価反転のシグナル。買いのチャンスが近づいていると考えられます（１０５ページの図参照）。

移動平均線より早くゴールデンクロスが出現！

今度はローソク足チャート上に描かれるＳＭＡとＭＡＣＤの動きを見てみましょう。このＰａｒｔ６の初めに説明したように、ＭＡＣＤは移動平均線の中でもＥＭＡをベースにしているため、直近の値動きにより敏感に反応するようになっています。これは、ＳＭＡよりも、ＭＡＣＤの売買サインのほうが早く出現することを意味します。

● 移動平均線より売買サインが早く出現

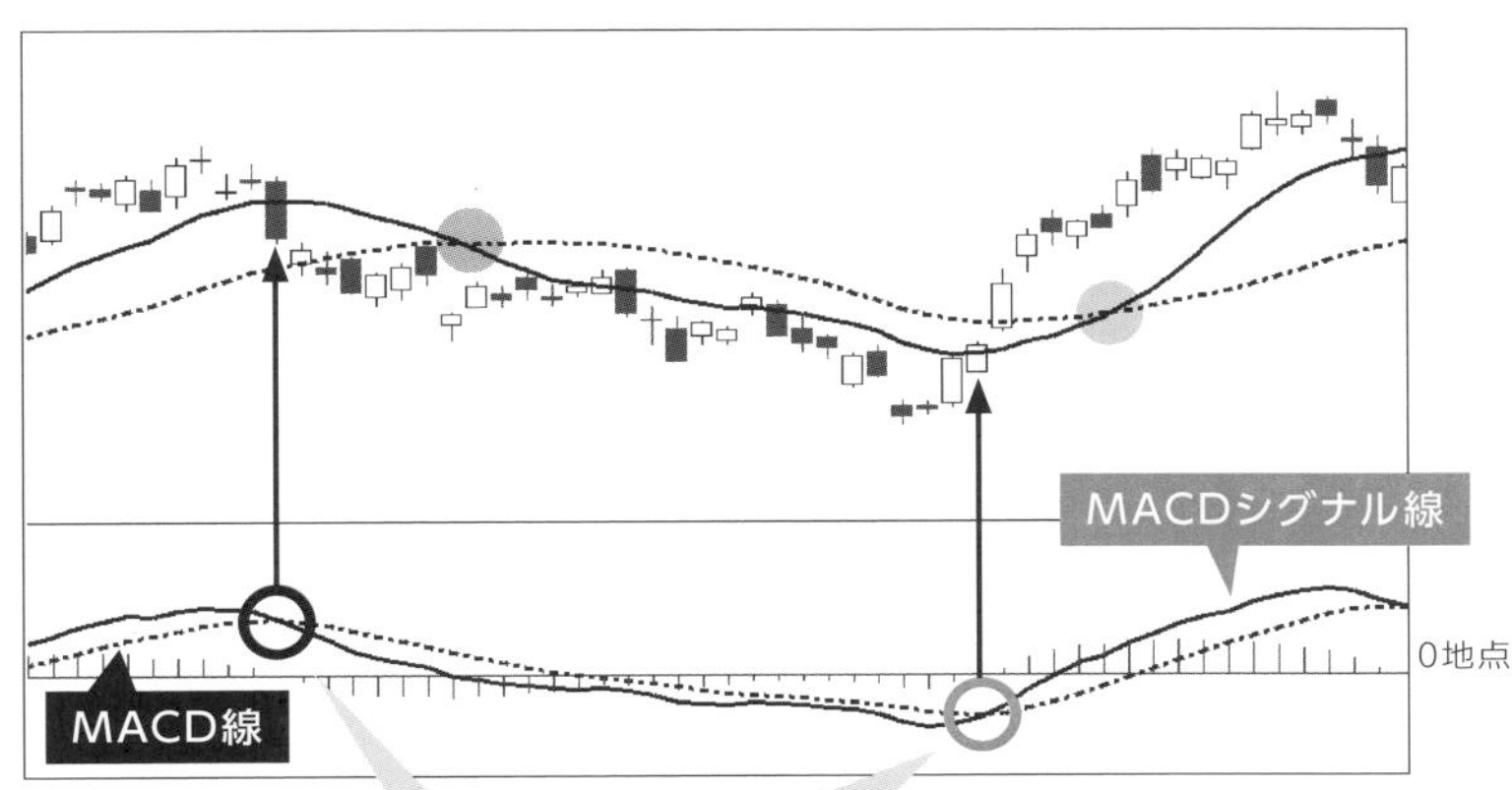

上の図のチャートでは、ローソク足チャート上に描かれる移動平均線より早く、MACD上でゴールデンクロス、デッドクロスが出現しています。この現象をうまくトレードに活用できれば、売買のタイミングをさらに的確に捉えることができるわけです。単純移動平均線のみで売買タイミングを判断するより先回りして買えたり、損失が膨らむ前に売れたりすることが可能なのです。

ローソク足チャート上のSMAでは、ゴールデンクロスやデッドクロスの出現が遅いため、利益を思うように上げられないことがあります。ただし、シグナルが比較的早く出現するMACDでは、それが「ダマシ」となる可能性もあります。ダマシとはテクニカル分析による売買シグナルが発生しても、その後の株価がそのシグナルが指し示す方向とは逆に動くこと。ＭＡＣＤに限らず、すべてのテクニカルについてもいえることです。ひとつのテクニカル指標を深く掘り下げるのはいいことですが、その指標ひとつだけを過信すると大きな失敗につながりかねないのです。ＭＡＣＤのゴールデンクロス（デッドクロス）を第１の売買ポイント、移動平均線のゴールデンクロス（デッドクロス）を第２の売買ポイントと考えてトレードをするのがいいでしょう。

ＭＡＣＤのゴールデンクロス、デッドクロスは移動平均線より早く売買シグナルが出現。ダマシを考慮したトレードを心がけよう。

その銘柄にとってベストなテクニカル指標を見つける

ＭＡＣＤは、値動きにはっきりとしたトレンドが出ているときには精度が高い分析手法です。そのため多くの投資家の支持を得ているのですが、弱点もあります。それは、株価が一定の値幅で上下するようなレンジ相場や三角保ち合いといった状況下にあると有効度が下がる点。ＭＡＣＤはトレンドを見極めるのに有効なので、トレンドが弱かったり、横ばいトレンドのときには、その強みをあまり発揮できません。

もっとも、そういう場合はレンジ相場に強い別のテクニカル指標と組み合わせればＯＫです。ＭＡＣＤの場合、オシレーター系のテクニカル指標（株価の売られ過ぎ、買われ過ぎを判断する指標）であるＲＳＩとの組み合わせが比較的相性がいいといわれています。ＲＳＩについてはＰａｒｔ９で詳しく取り上げていますので、併せてチェックすることをお勧めします。

どのテクニカル指標についても同じことがいえますが、銘柄によって適切な売買タイミングを示す指標は変わってきます。ある銘柄ではＭＡＣＤ上のシグナルがベストな売買タイミングを示すケースもあれば、またある銘柄では別のテクニカル指標がそうなるケースもあります。また、以前はあるテクニカル指標がバッチリと当てはまっていたのに、時間がたつとそうでなくなる可能性もあるのです。こうした問題を解決するには、複数のテクニカル指標をチェックすること。そして、銘柄ごとに現在はどのテクニカル分析が有効度が高いのかを探るといいでしょう。

こうした作業は確かに面倒かもしれませんが、これも大切な自分のお金のため。ネット証券などが提供している情報ツールでは、ローソク足チャートから複数のテクニカルチャートに飛ぶことができるものも多いので、慣れてくれば割と短時間でチェックができるようになるはずです。

占いには、占星術やタロット占い、姓名判断、手相や人相などたくさんの種類がありますよね。夢占いや動物占いなんていうものもあります。私は特に占いに詳しいわけではありませんが、どの占いにもそれぞれの強みや特徴があり、どれが一番当たると断言はできないはずです。占うタイミングや占いたい内容によっても変わってくるでしょう。テクニカル指標も似たようなところがあり、どのテクニカル指標がベストなのかを絞ることはできません。何がベストな指標であるかについては、これまでの株価の値動きと複数のテクニカル指標を見比べることで見えてきます。「この銘柄はＭＡＣＤのシグナルが売買タイミングとぴったり重なっているな！」という具合に判断することをお勧めします。

POINT!

相場の状況や銘柄、投資のタイミングによってどのテクニカル分析がベストかを見極めることが大事！

ボリンジャーバンド

あっ、その運転、危ない…

車線をはみ出して走行するクルマ、
とても危険です。
株や為替にも、安全に走行するための
道幅が決まっているのです。

Part
7

Let's Fuji!

今日は富士山まで出張ね

あの営業先は厳しいからな〜

何をびびってるのよ

先輩は怖くないいんですか?

怖くな…

ぐわ

ワーー!! 前のトラック居眠り運転!!

ひいっっ

ドキ ドキ

って…… あれ? 戻っていったわね…

すーー

フーー…

危なっかしーったらありゃしない

びっくりしたー

あ

またふらふらと…

左に蛇行

!?

ぎゅううう

キャーーーッ

何!!

うわっわっわっ

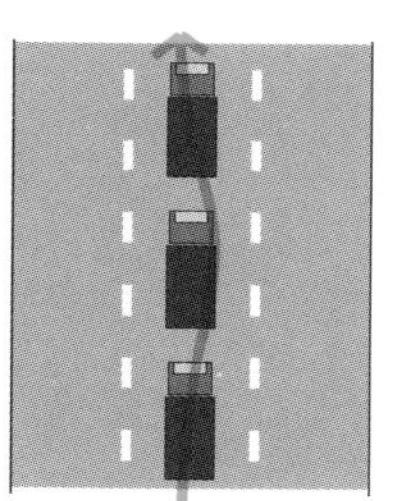

スムーズな車線内走行

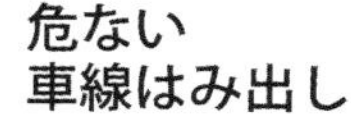

危ない車線はみ出し

ボリンジャーバンドとは?

高速道路のレーンをはみ出すのは危険です。同様に、この幅(バンド)を超えると「ヤバい」と判断できるのがボリンジャーバンド。値動きの変動率がわかる指標です。

バンドの幅や傾き、収縮で相場のトレンドや強さを判断

Ｐａｒｔ７では、トレンド分析のツールとして知られている「ボリンジャーバンド」を紹介します。ボリンジャーバンドは、移動平均線と標準偏差で構成されており、移動平均線を表す線とその上下に位置する値動きの幅を示す線（バンド）によって投資判断を行っていきます。「価格の大半がこのバンド（帯）の中に収まる」という統計学を応用した指標です。

ボリンジャーバンドでは、ローソク足のチャート上に通常５本のラインが描かれます。ラインは上から、プラス２σ（シグマ）、プラス１σ、移動平均線、マイナス１σ、マイナス２σとなります。この５本のラインで構成されるバンドの幅や傾き、収縮で相場のトレンドや強さを判断していくわけです。さらに、プラス・マイナス３σが足され、７本のラインで構成されるケースもあります。

前提として、株価がボリンジャーバンドのプラス・マイナス１σの範囲内に収まる確率は約68・３％、プラス・マイナス２σの範囲内に収まる確率は約95・４％、プラス・マイナス３σの範囲内に収まる確率が約99・７％とされています。

プラス・マイナス2σを超える株価は異常値

例えば、道路ではクルマが走るべき車線が決まっていますよね。居眠りによる蛇行運転や逆走などがニュースとして問題になっていますが、ほとんどのドライバーが決められた幅の車線の中で安全運転を心がけているはずです。株価もこれと同じです。通常時は一定程度の幅（バンド内）で上下動を繰り返し、これをはみ出してもいずれ元のバンド内に戻っていくのです。

前述したように、株価がプラス・マイナス2σの範囲内に収まる確率は約95・4％ですので、これを超えるのはかなりのレアケースで、ある種、異常値。クルマの運転に例えるなら、居眠り運転などで車線をはみ出している状況です。このような運転は決してあってはなりません。車線を大きく超えるのは、高速道路を降りるときだけですね。

POINT!

株価がプラス・マイナス1σ**に収まる確率は**約68・3％、プラス・マイナス2σ**は**約95・4％、プラス・マイナス3σ**なら**約99・7％。

ボリンジャーバンドの計算式

❶ 標準偏差の計算式

標準偏差＝√（n日間の終値－n日間の平均値）の2乗の総和÷n日

❷ ボリンジャーバンドの計算式

±1σ＝n日の移動平均±n日の標準偏差
±2σ＝n日の移動平均±n日の標準偏差×2
±3σ＝n日の移動平均±n日の標準偏差×3

価格がバンド内に収まる確率について

POINT!

ボリンジャーバンドの**±1σ**の範囲内に収まる確率	約**68.3%**
ボリンジャーバンドの**±2σ**の範囲内に収まる確率	約**95.4%**
ボリンジャーバンドの**±3σ**の範囲内に収まる確率	約**99.7%**

ちなみに、計算式は上図の通りですが、もちろん難しく考えることはありませんし、計算する必要もありません。今ではネット証券の情報ツールで簡単に表示することができます。気になる銘柄があれば、４ケタの銘柄コードを打ち込むだけで簡単に表示されるはずです。

どれくらいの期間の移動平均の数値を使うかは短期売買や中長期投資など、投資スタンスによっても異なりますが、日足であれば、5日や25日などできるだけ多くの投資家が見ていると思われる値がいいでしょう。この数値の設定も情報ツールで選択したり、打ち込んだりするだけでOK。瞬時にパソコンやスマホの画面に表示されるはずです。

ほかのオシレーター系やトレンド系のテクニカル分析とは異なり、ボリンジャーバンドは「順張り」にも「逆張り」にも活用することができます。大変便利なテクニカル分析ですので、非常に多くの投資家が活用しています。では、実際の使い方とポイントを解説していきましょう。

相場のトレンドに乗る順張り型

まずは、私が最も信頼を寄せている「ボラティリティ・ブレイクアウト」といわれる順張り型の使い方を解説していきましょう。代表的なケースとしては、保ち合い相場から脱したタイミングで売買する手法です。ボリンジャーバンドは、相場の動きが乏しいときはバンドの幅が狭まり、相場の動きが激しいときはバンドの幅が広がります。

バンドの幅が狭くなってきたところで値動きに注目し、終値がプラス・マイナス2σをはみ出したら、素直にトレンドに追随し、エントリーします。なお、バンド幅の狭い時期が長いほど、その後にブレイクした際の値動きが大きくなるといわれています。

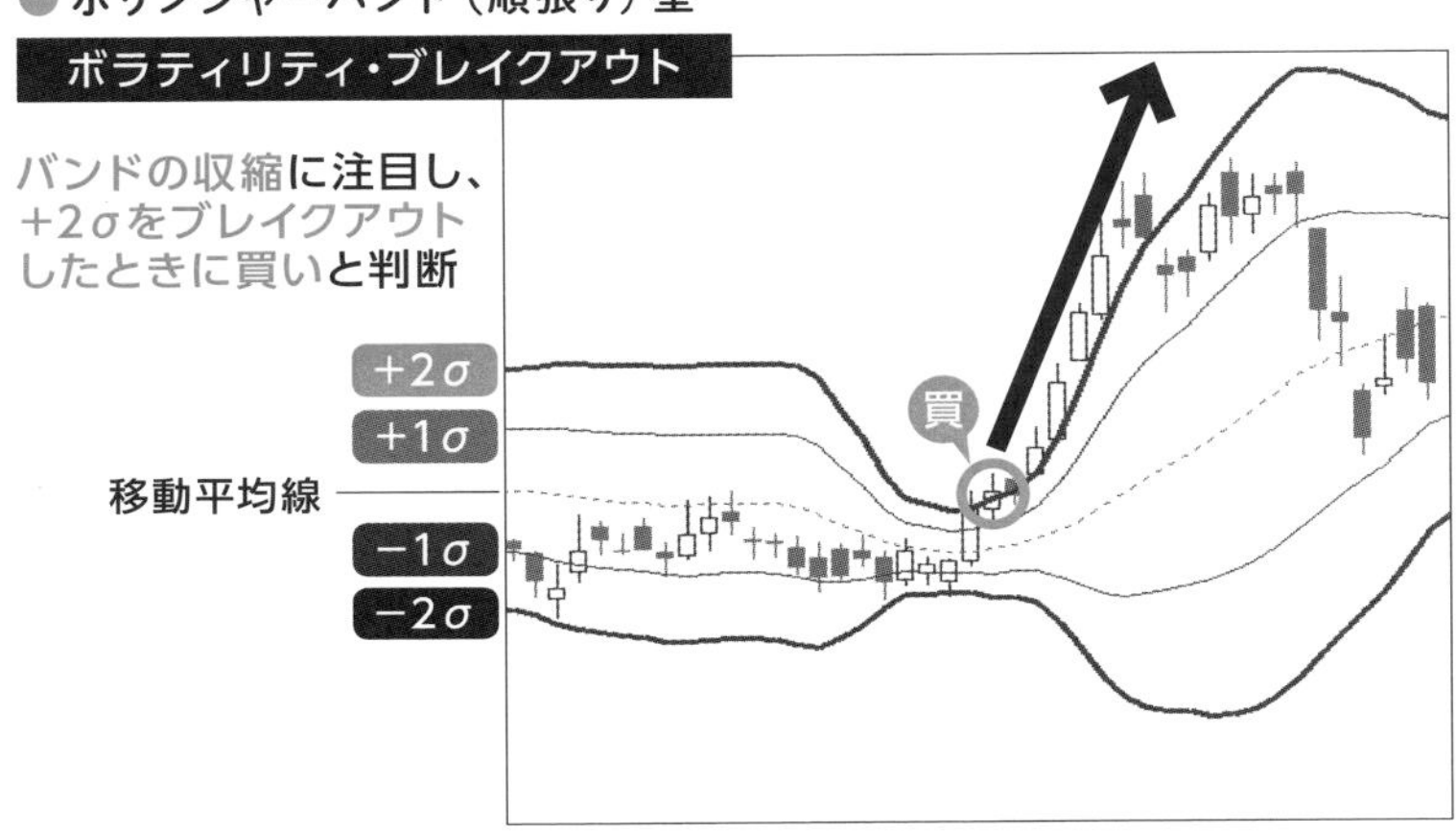

順張り型のボラティリティ・ブレイクアウトでは、株価がプラス・マイナス２σを終値で突き抜けたとき、つまり異常値が発生したところで飛び乗ることになりますので、これまでの解説とは少し異なるように感じるかもしれません。

しかし、あくまでも判断のタイミングとなるのは、ボリンジャーバンドのバンド幅が収縮し、狭くなっているところです。このような局面で株価がプラス・マイナス２σを突き抜けたということは、ここから相場に勢いが付き、バンド幅が広がっていくことが想定されるわけです。

上図はボラティリティ・ブレイクアウトの例

になりますが、バンド収束後プラス２σを抜けたところからバンド幅が広がり、株価はプラス２σのラインに沿って上昇を続けていることがわかります。決済のタイミングは、株価がプラス２σを終値で下回ったところか、バンドが収束し始めたタイミングになります。

株価の保ち合いが続き、バンド幅が狭くなったら注目。終値でプラス・マイナス２σを突き抜けたところで順張りでエントリー。

トレンド発生中の押し目を狙うバンドウォークの活用

前述したボラティリティ・ブレイクアウトは、相場の転換点を素早く捉え、上昇や下降トレンドに乗っていく投資手法でした。このトレンドが継続していくと、株価は移動平均線とプラス・マイナス２σライン、あるいはプラス・マイナス１σラインとプラス・マイナス２σラインの間で上下動を繰り返しながらトレンド方向へと動いていきます。プラス・マイナス２σのラインに沿ってローソク足が並ぶ状態を「バンドウォーク」と呼びます。このバンドウォークが現われた場合は、一時的な押し目を狙ってエントリーします。

● ボリンジャーバンド

バンドウォーク

バンドウォーク発生時（上昇トレンド中）に移動平均線にタッチしたときに買いと判断

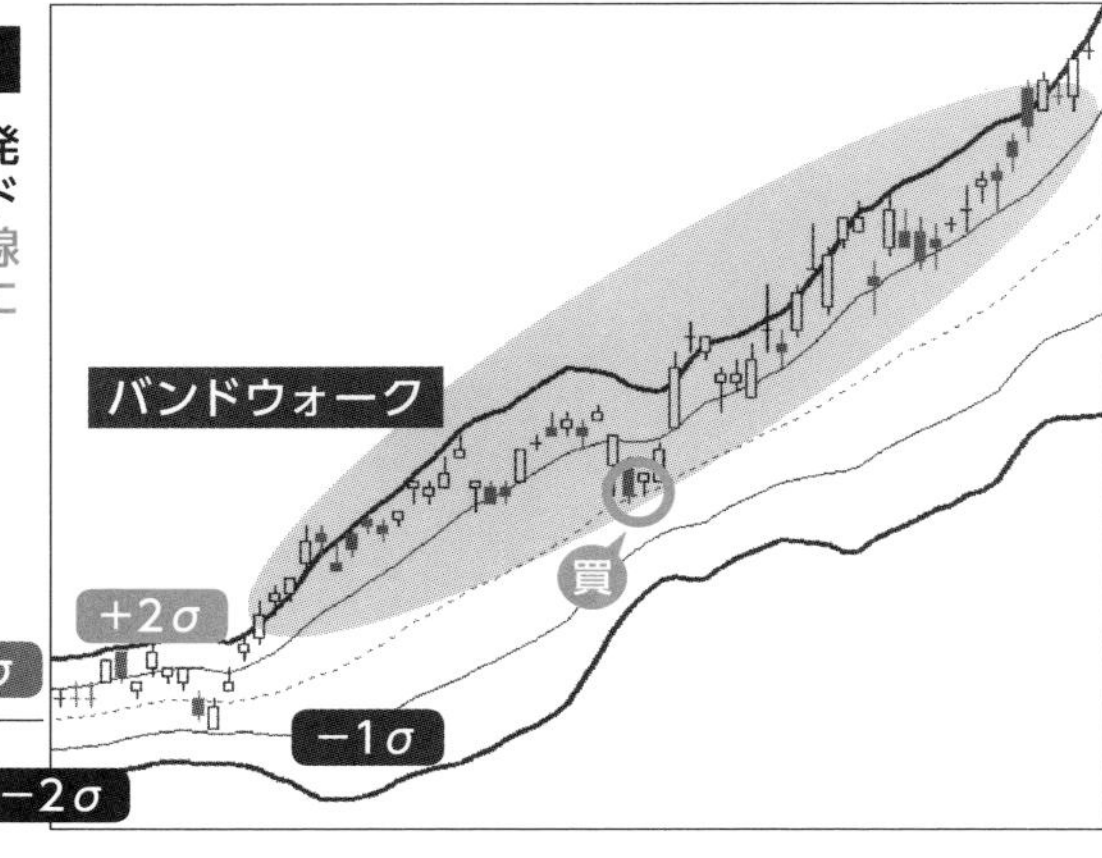

上図は、バンドウォーク中の株価の値動きです。ボリンジャーバンドのバンド幅が狭くなり、株価が終値でプラス2σを突き抜けて上昇トレンドがスタートしました。

そして、プラス2σのラインに沿ってローソク足が並ぶバンドウォークが発生し、上昇トレンドが継続していきます。その上昇過程で、株価が一時的に下がり、中心線である移動平均線にタッチしました。ここが押し目買いのポイントです。

POINT!

プラス・マイナス2σに沿ってローソク足が並ぶバンドウォークでは、一時的な押し目などを拾って、トレンド回帰を待つ。

レンジ相場では行き過ぎた上昇や下落を狙って逆張り

最後にボリンジャーバンドのレンジ相場での逆張りをご紹介します。ここでの考え方が、冒頭のマンガでご紹介したクルマの走行になります。おさらいすると、株価がバンド内に収まる確率は、以下の通りです。

- **ボリンジャーバンドのプラス・マイナス1σの範囲内に収まる確率↓約68・3％**
- **ボリンジャーバンドのプラス・マイナス2σの範囲内に収まる確率↓約95・4％**
- **ボリンジャーバンドのプラス・マイナス3σの範囲内に収まる確率↓約99・7％**

つまり、プラス・マイナス2σを突破することは非常にレアケースで異常事態。このタイミングをとらえて逆張りでエントリーし、株価が正常値に戻るのを待つわけです。見た目にも非常にわかりやすい逆張り手法ですが、注意したいのは「必ず株価の保ち合いが続いているレンジ相場で活用する」ということです。ボラティリティ・ブレイクアウトやバンドウォークで解説したように、株価の方向性（トレンド）が明確な局面では、プラス・マイナス2σを突き抜けるケースが珍しくないからです。

確率99・7%のプラス・マイナス3σまで表示すれば確度は高まる

レンジ相場時の逆張り投資として活用する場合には、プラス・マイナス1σからプラス・マイナス2σをおのおの下値支持線（サポートライン）や上値抵抗線（レジスタンスライン）と考え、株価がマイナス1σからマイナス2σまで下がったところが買いポイント、プラス1σからプラス2σまで上がったところが売りポイントと判断します。テクニカル分析のツールなどではプラス・マイナス2σまでの表示が一般的ですが、確率約99・7%のプラス・マイナス3σまで表示してプラス・マイナス3σ到達で逆張りすれば、さらに確度は高まります。

もちろん、プラス・マイナス3σの出現率は低いので、なかなか売買のサインは出現しません。ですので、マイナス2σで打診買いを入れ、さらに株価が下がりマイナス3σにタッチしたところでナンピン買いを決行するという考え方もあります。

POINT!

株価の保ち合いが続いているレンジ相場では逆張りで活用。
プラス・マイナス2σにタッチしたら逆張りでエントリー。

●ボリンジャーバンド（逆張り）型

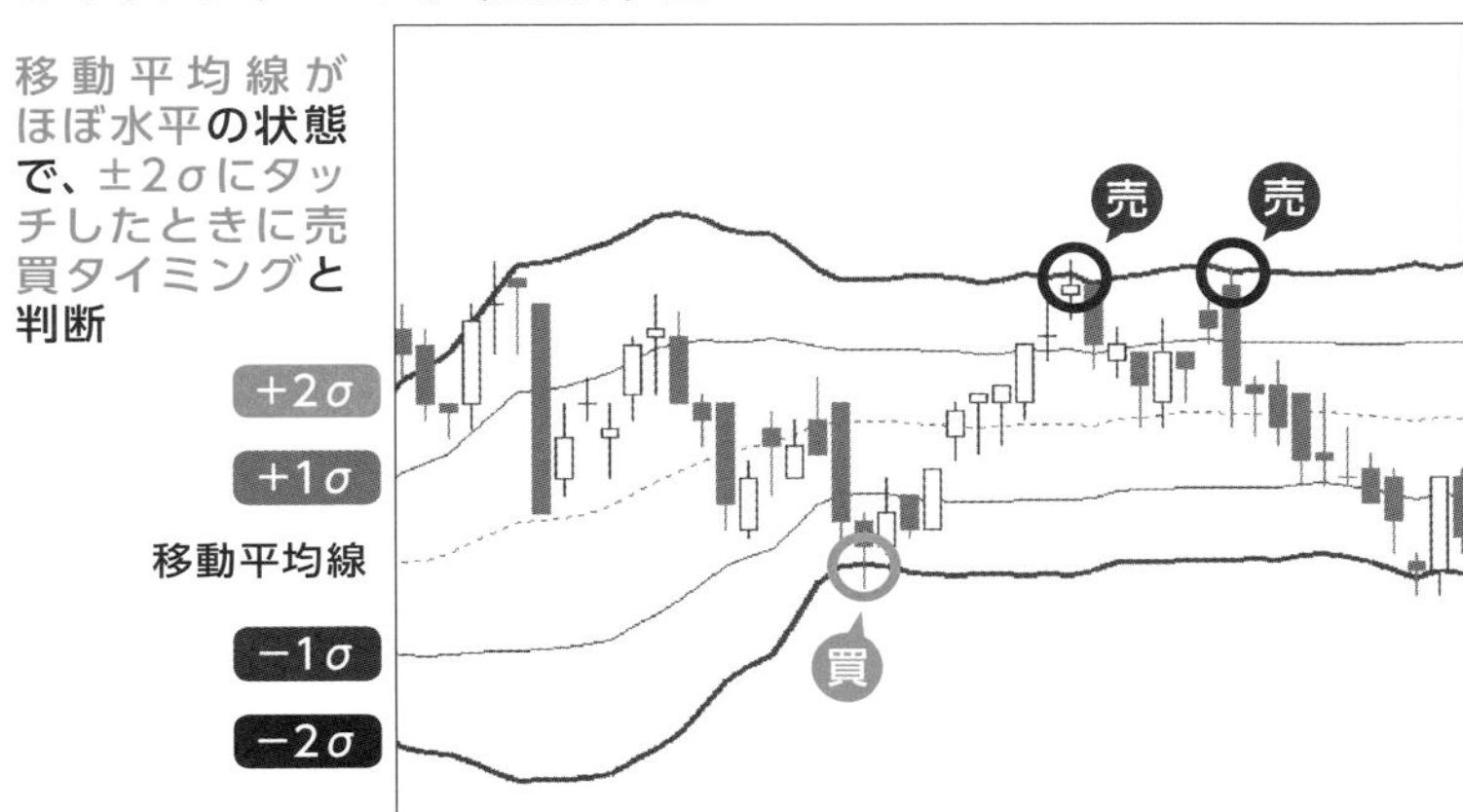

上図は、逆張り手法の参考例です。ボリンジャーバンドが収縮し、保ち合い相場に入りました。そして、下値抵抗線として機能していたマイナス2σにタッチしたので買いと判断します。その後、株価は上昇に転じ、今度は上値抵抗線として機能していたプラス2σをにタッチしたので、ここで利益確定の決済売りとなります。

利益を確定させると同時に、この決済のタイミングは信用取引による「空売り（からうり）」（信用売り）のチャンスでもあります。空売りは株価の下落で収益を狙う投資手法です。このようにレンジ相場では、買いと売りのポジションを交互に持つことで往復で利益を狙うこともできます。

発案者自身が逆張りでの活用を否定している

ちなみに、ボリンジャーバンドは米国人のジョン・A・ボリンジャー氏が考案したテクニカル分析です。これまでも何度か来日しており、私も食事をご一緒させていただいたことがあります。とても優しい、紳士的な方でした。

ボリンジャー氏は、自身が発案したボリンジャーバンドの活用について、「逆張りでは使うべきではない」といっています。逆張りでの使い方は、上値抵抗線や下値支持線となるプラス・マイナス2σへのタッチと、見た目にも単純ですが、時としてダマシも多く現れるからです。レンジ相場での活用に徹していても、保ち合い状況から相場が上下に大きく変動することも十分に考えられます。

株やFX、またボラティリティ（価格変動率）の高い暗号資産のビットコインなどは、時として、潔い撤退も大切です。一度に大金をゲットしようとするのではなく、相場と長く付き合うことで、長期的な資産運用を心がけたいものです。

Part 8

一目均衡表

雲を抜ければパラダイス

雲の中を飛ぶ飛行機がガタガタと揺れています。
でも、少しガマンすれば、
雲を突き抜けて青空が広がります。
そんな飛行状況を示すのが一目均衡表です。

一目均衡表

初めての出張が
札幌だなんて
なんかウキウキ
するなあ
ちょっと
ちょっと
遠足じゃないん
だからね！

さて
そろそろ
離陸だけど
何だか天気悪くて
テンション
上がらんなあ

そうですね
明日の商談も
厳しいこと
いわれそうだし
大丈夫
かなあ

カタ…
カタ…
いよいよ
雨雲の中に
突入ですね

結構
揺れますね～
ガタ…
ガタ
ガタ
ってかず流？
ガタ
ガタ
ガタガタ…

きゃあ〜怖い！
ほんと男らしくないよね
きゃうぅぅ
かず流！
はい…
でもなあ雲を抜けたあとの景色見たら多分びっくりすると思うぞ
そうなんですかぁ
あ…
オービューティフル！なんて綺麗なんだろ
テンション全開!!
はぁ…ほんと子供みたい……
がっくり
一目均衡表とは？
「雲」と呼ばれる支持帯・抵抗帯に対して価格がどう動くかを予想することで、相場の大局観を養えます。雲入りで乱高下、雲抜けで方向性が定まる点は飛行機といっしょ！

メイド・イン・ジャパンの一目均衡表

一目均衡表は、ユニークでどこかレトロチックな雰囲気を持つ名前ですよね。名前は古風でもテクニカル分析では高い知名度を誇り、幅広く活用されているのが一目均衡表です。一目均衡表の理論が完成したのは、昭和初期の時代。東京新聞の前身である都新聞の管理職だった方が一目山人というペンネームで多くのスタッフと数年の歳月をかけて完成させた相場の分析手法です。国内の個人投資家の間でも人気は高く、欧米でも一目均衡表の解説書が出版されており、多くのファンドマネジャーなどにも支持されているテクニカル手法です。一目均衡表は、相場が一目でもわかるとして名付けられたといわれています。

テクニカル指標の中でも、ローソク足、移動平均線、ボリンジャーバンドなどが時間および時系列を分析要素としていますが、一目均衡表もこのグループに入ります。時間論、波動論、値幅観測論（水準論ともいわれています）で構成され、節目となる価格変化が起こった日から特定の基本数値などの日数を数え、将来の変化日を予想するテクニカル分析です。

「相場は買い方と売り方の均衡が崩れたときに大きく動く」と考え、「売り買いの勢力のどちらが優勢かを捉えることができれば、相場変動を一目で知ることができる」という理論に基づいています。

3大骨子である重要な理論（時間論、波動論、値幅観測論）

一目均衡表の具体的な説明の前に、時間論、波動論、値幅観測論（水準論）について、簡単にふれてみます。

一目均衡表における時間論とは、「基本数値」に関する考え方です。一目均衡表においては、9、17、26の3つを基本数値としています。時間論はこの基本数値をベースとして、現在の状態やどの時間に変化が起こりそうなのかを考えることに特徴があります。例えば、分析している日を25日目とした場合、次の日である26日目は、トレンドの転換やトレンドの強い継続などが起こりやすいタイミングと考えることができます。

● 一目均衡表の基本3波動

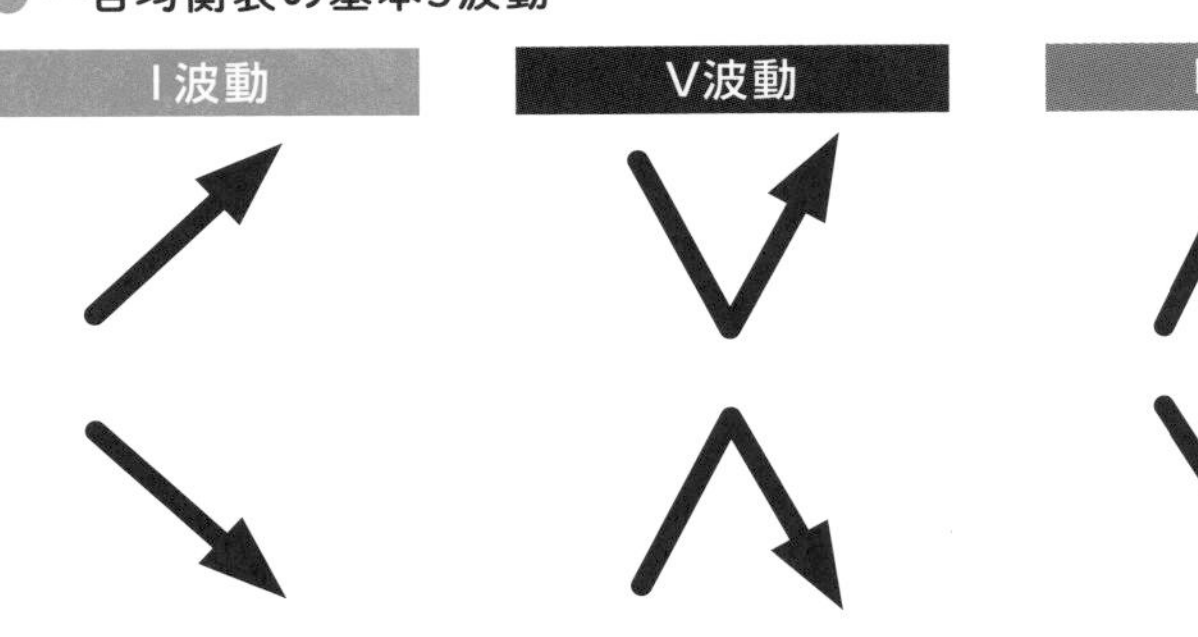

波動論は、価格の変動によって起きる波の形やパターンによって相場を分析するものです。３つの基本波動があり、それぞれアルファベットの形に置き換えられます。上昇だけ、下落だけの一方通行的なラインを「I波動」、上昇して下落、下落して上昇を、それぞれワンセットとして見た「V波動」、上昇と下落と再上昇、下落と上昇と再下落をそれぞれワンセットとした「N波動」となります。

このうちN波動は、I波動とV波動の連続性から形成され、上昇する株価はいずれN波動を描くことになります。下落する株価が描くN波動も同じです。このN波動が完成しないと上昇局面も下落局面も到来しにくいという考えが成立することになります。

POINT!

すべての波動はN波動に集約。
相場はN字で動くと考えられます。

● 一目均衡表の値幅観測論4形態

V計算値

N計算値

E計算値

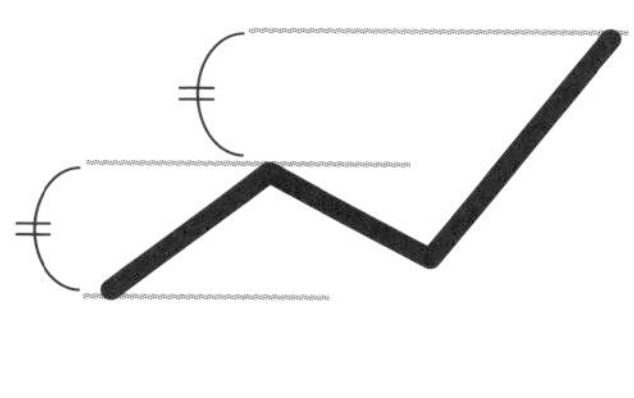

NT計算値

値幅観測論（水準論）は、株価の目標値を予想するときに使用されます。代表的な形態は４つの計算値とされ、最もポピュラーなのがＶ計算値です。

上昇した後に下落に転じて反発に向かうＮ波動を描くなかで、最初に上昇した最高到達点から下げて底値を打つまでの下落幅の倍の上昇を反発局面での目標値とする計算値です。株式市場でよく耳にする「倍返し」は、このＶ計算値に当てはまります。

このＶ計算値のほかに、「Ｎ計算値」「Ｅ計算値」「ＮＴ計算値」が目標値を予想する計算値としてあります。いずれも波動の「山頂」と「谷底」が起点です。

一目均衡表は5本の線とローソク足で分析

こうした時間論・波動論・値幅観測論の３つの理論をベースとして構成される一目均衡表は、基準線、転換線、先行スパン２本（先行スパン１、先行スパン２）、遅行線の５本の線が基本となり、チャート分析ではここに実線（株価ローソク足）が加わります。

また、先行スパン１と先行スパン２の２本に囲まれた領域を「雲」といいます。雲は支持帯や抵抗帯と見なされ、一目均衡表の特徴でもあります。一目均衡表は、この５本の線と雲、そしてローソク足がひとつのチャートとなって描かれます。まずは、それぞれの５本の線（ライン）が持つ特徴を学びましょう。

「基準線」は、当日を含めた過去26日間の最高値と最安値を足して２で割って算出された数値から形成されます。数値の26は一目均衡の基本数値であり、ほぼ固定して使われます。過去26日間の最高値と最安値の平均を結んだ線となり、相場の中期的な方向性を表すとされています。

● 5本の線と雲とローソク足

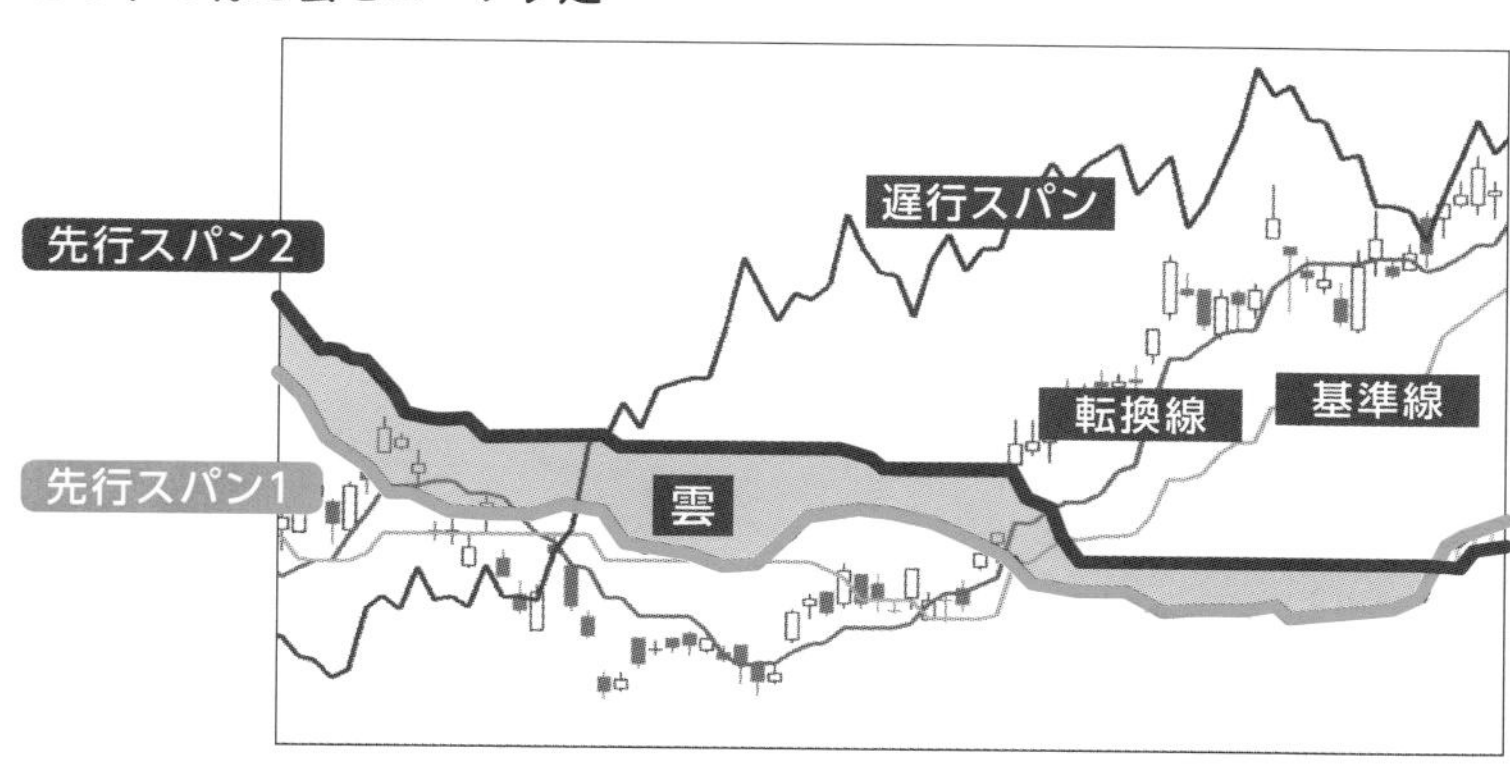

転換線は、過去9日間の最高値と最安値を足して2で割った数値を結びます。数値の9も26と同様に一目均衡表の基本数値です。相場の短期的な方向性を示します。

そして先行スパンは、現在における値動きが将来にどのような影響を及ぼすのかということを、先行スパン1と先行スパン2の2本の線を使って表します。基本数値の違いにより、先行スパン1は短中期的なトレンド、先行スパン2は長期的なトレンドをそれぞれ表す線と捉えられます。

先行スパン1は、基準線を導く基準値と転換線を導く転換値を足して2で割った数値を26日分未来に先行させせて表示します。基準線と転換線の平均値が26日先に表示されるということです。一方、先行スパン2は、当日を含めた過去52日間の最高値と最安値を足して2で割った数値を26日先行させせて表示します。

● 一目均衡表の5本線の計算式

基準線	(当日を含めた過去26日間の最高値+最安値)÷2
転換線	(当日を含めた過去9日間の最高値+最安値)÷2
先行スパン1	(転換値+基準値)÷2を26日先行させて表示
先行スパン2	(当日を含めた過去52日間の最高値+最安値)÷2を26日先行させて表示
遅行スパン	当日の終値を26日遅行させて表示

最後に、「遅行線」(遅行スパンとも呼ばれます)は、当日の終値を26日前に遅行させて記入してラインを作成します。当日の価格と26日前の価格を比較していることになります。遅行線は一目均衡表の中で最も重要な要素ともいわれています。

一目均衡表は、こうした「基準線」「転換線」「先行スパン1」「先行スパン2」「遅行スパン」といった5本の線と、26や9といった基本数値によって成り立っています。そして、基本線は中期的な、転換線は短期的な方向性をそれぞれ示唆し、2本の先行スパンがトレンドを読むうえで重要な役目を果たしています。

POINT!

一目均衡表は5本の線と基本数値を持つ。基準線は中期、転換線は短期方向性を示唆2本の先行スパンでトレンドを読む。

一目均衡表の特徴「雲」とは

一目均衡表の5本の線の中で先行スパン1と先行スパン2に囲まれた領域「雲」の存在が一目均衡表の特徴でもあります。この雲は「抵抗帯」「支持帯」となります。雲の厚さ、雲を挟んでのローソク足の位置などから相場の強弱を測ることができます。

冒頭のマンガでは、上司の部長とみい咲、かず流が3人そろって札幌への出張に飛行機で向かいます。あいにくの空模様の中、離陸後の飛行機が雨雲のなかに突入すると機内は揺れ、思わず「怖い」と口にして涙目のかず流。ここで部長はかず流に「雲を抜けた後の景色を見たら、びっくりすると思うぞ」と語りかけます。雲を抜けた飛行機の窓からはきれいな景色が広がり、かず流は一転して「テンション全開」とつぶやきます。

つまり株価も、抵抗帯の雲を上抜けると動きが軽くなることを表しています。一目均衡表における「雲」を利用したトレードとして、雲を上抜けたときに買い、雲を下抜けたときに売りと判断することができます。

● 一目均衡表・雲を上抜け

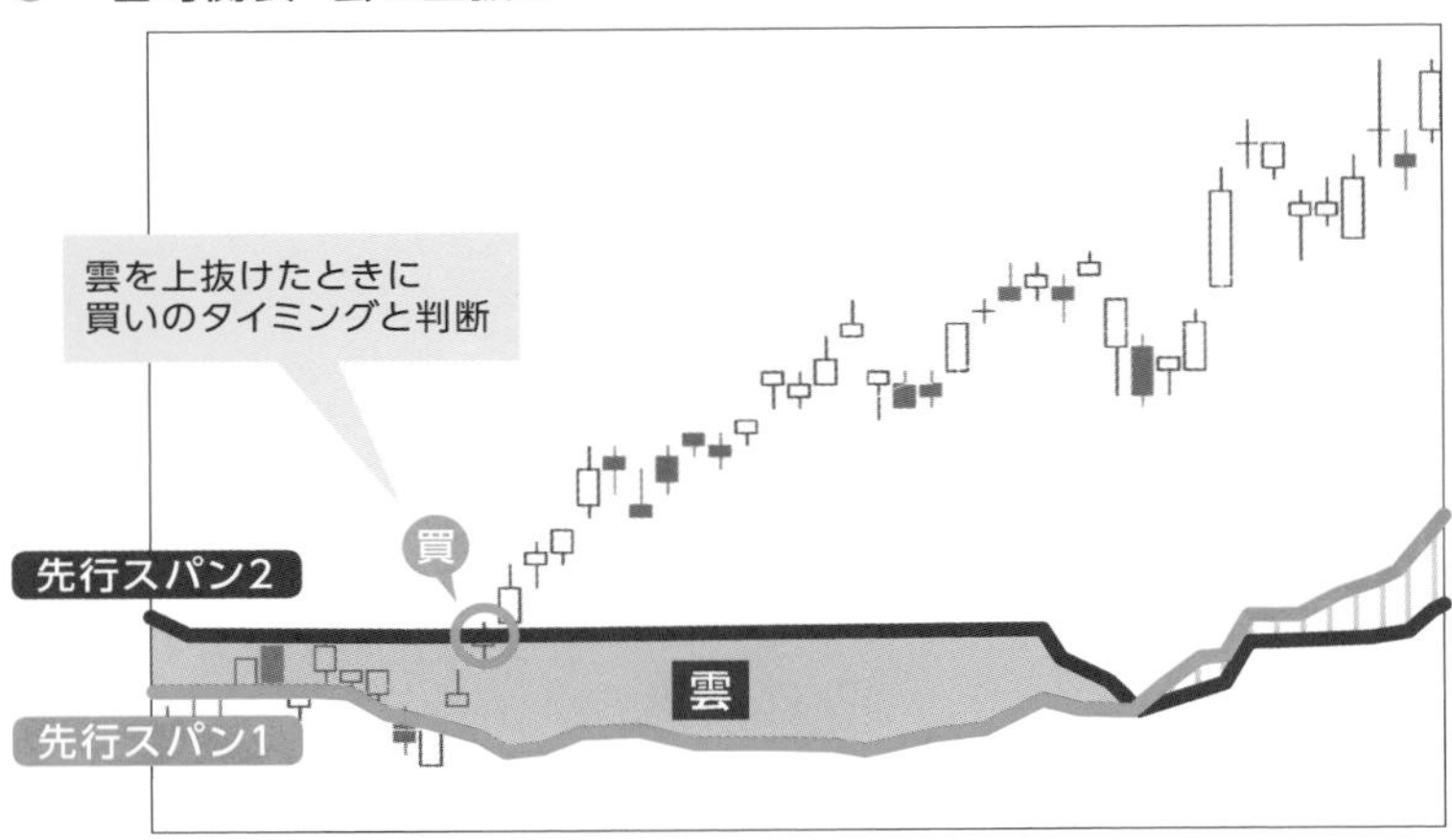

● 一目均衡表・雲を下抜け

一目均衡表の3つの基本的活用法

それでは、一目均衡表の基本的な活用方法を具体的に見ていきましょう。「基準線と転換線」「先行スパン1と2」「遅行スパン」とローソク足との位置関係が基本となります。

基準線と転換線を使った活用法

過去26日間の最高値と最安値の平均を結ぶ基準線は、相場の中期的な方向性を表します。基本的には移動平均線と同様の使い方になります。また、相場の短期的な方向性を示すことが特徴の転換線との組み合わせによって、売買のタイミングを計ることができます。

①基準線が上向きなら上昇トレンド、下向きなら下降トレンドです。
②ローソク足が基準線より上にあれば強い相場、下側にあれば弱い相場と判断できます。
③基準線が上向きの状態で、転換線が基準線を下から上へ抜けるゴールデンクロスを「好転」といい、買いシグナルとなります。逆に基準線が下向きの状態で、転換線が基準線を上から下へ抜けるデッドクロスを「逆転」といい、売りシグナルとなります。

先行スパン1と2を使った活用法のカギは雲

基準線を導く基準値と転換線を導く転換値を足して2で割った数値などを使い、先行する日がそれぞれ異なる先行スパン1と先行スパン2に挟まれた領域のことを「雲」と呼びます。その雲とローソク足との位置関係で、相場の強弱の状態をチェックすることが可能です。具体的には次の4パターンが考えられます。

①ローソク足が雲の上方にあれば強い相場、下方にあれば弱い相場と判断します。
②ローソク足よりも雲が上にある場合、雲は上値抵抗帯として働きます。ローソク足よりも雲が下にある場合、雲は下値支持帯として働きます。
③ローソク足が雲を下から上に突破した場合は上昇サインとなり「好転」となります。逆に、ローソク足が雲を上から下に割り込んだ場合は下落サインとなり「逆転」です。相場の転換点として重要なポイントとなります。雲は抵抗帯の名の通り、厚い場合は突破に時間を要し、薄い場合は抵抗力が弱いので上下に抜けやすく、転換しやすくなります。
④2本の先行スパンが交差した地点を「雲のねじれ」などと呼びます。この「雲のねじれ」は、相場の転換点（トレンドの転換、もしくは加速局面）となる「変化日」の可能性が高いとされています。

また、ローソク足が雲より上の位置になると雲が支持帯として働き、ローソク足が雲の下に割り込むと、戻りの頭を押さえる抵抗帯となるケースが見られます。一方、ローソク足が雲の中にある場合は、相場の方向性があいまいな状態にあるともいえます。

遅行スパンの活用法

遅行スパンは単純ですが、売買タイミングを計る貴重な判断材料になります。遅行スパンがローソク足を下から上に上抜けると「好転」強気相場となり、買いのシグナルとなります。逆に、遅行スパンがローソク足を上から下に突き抜けると「逆転」弱気相場に転じて、売りシグナルとされています。このほか、ローソク足と絡む動きが継続する場合は、保ち合い相場(レンジ相場)と捉えることができるでしょう。

複数の線が絡み合って複雑に見える一目均衡表ですが、それぞれの線はわかりやすい特徴を持っています。

他のテクニカル指標と比べると非常に難しく思うかもしれませんが、3つの活用法を、まずは覚えましょう。

三役好転と三役逆転は強い売買シグナル

そして、基準線、転換線、雲、遅行スパン、ローソク足のそれぞれの位置関係から、特定の３つの条件がそろうと、非常に強い買いシグナルまたは売りシグナルが成立する場合があります。一目均衡表では、その強い買いシグナルが「三役好転（さんやくこうてん）」、強い売りシグナルを「三役逆転（さんやくぎゃくてん）」と呼び、一目均衡表の最も代表的な売買シグナルとなっています。

ただし、転換線が基準線を下から上へ抜けるゴールデンクロスや、遅行スパンがローソク足を下から上に上抜ける「好転」と比べ、「三役好転」は遅めのシグナルとなりがちなことは頭に入れておきましょう。

まず、三役好転の３条件は次の通りです。

●「**転換線＞基準線**」…転換線が基準線を上抜く
●「**ローソク足＞雲**」…ローソク足が雲を上抜く
●「**遅行スパン＞ローソク足**」…遅行スパンがローソク足を上抜く

● 三役好転

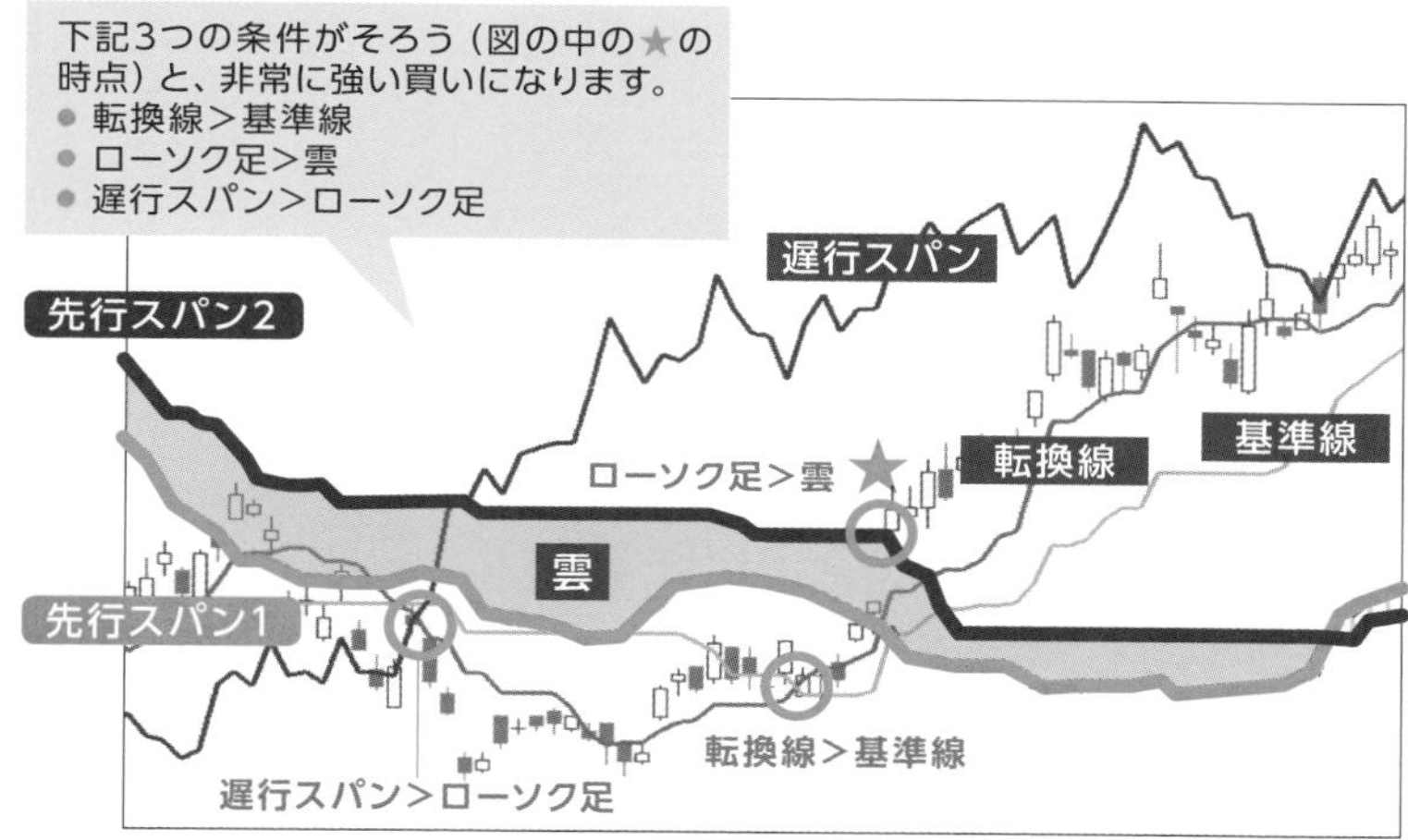
下記3つの条件がそろう（図の中の★の時点）と、非常に強い買いになります。
● 転換線＞基準線
● ローソク足＞雲
● 遅行スパン＞ローソク足
遅行スパン
先行スパン2
ローソク足＞雲
転換線
基準線
雲
先行スパン1
転換線＞基準線
遅行スパン＞ローソク足

● 三役逆転

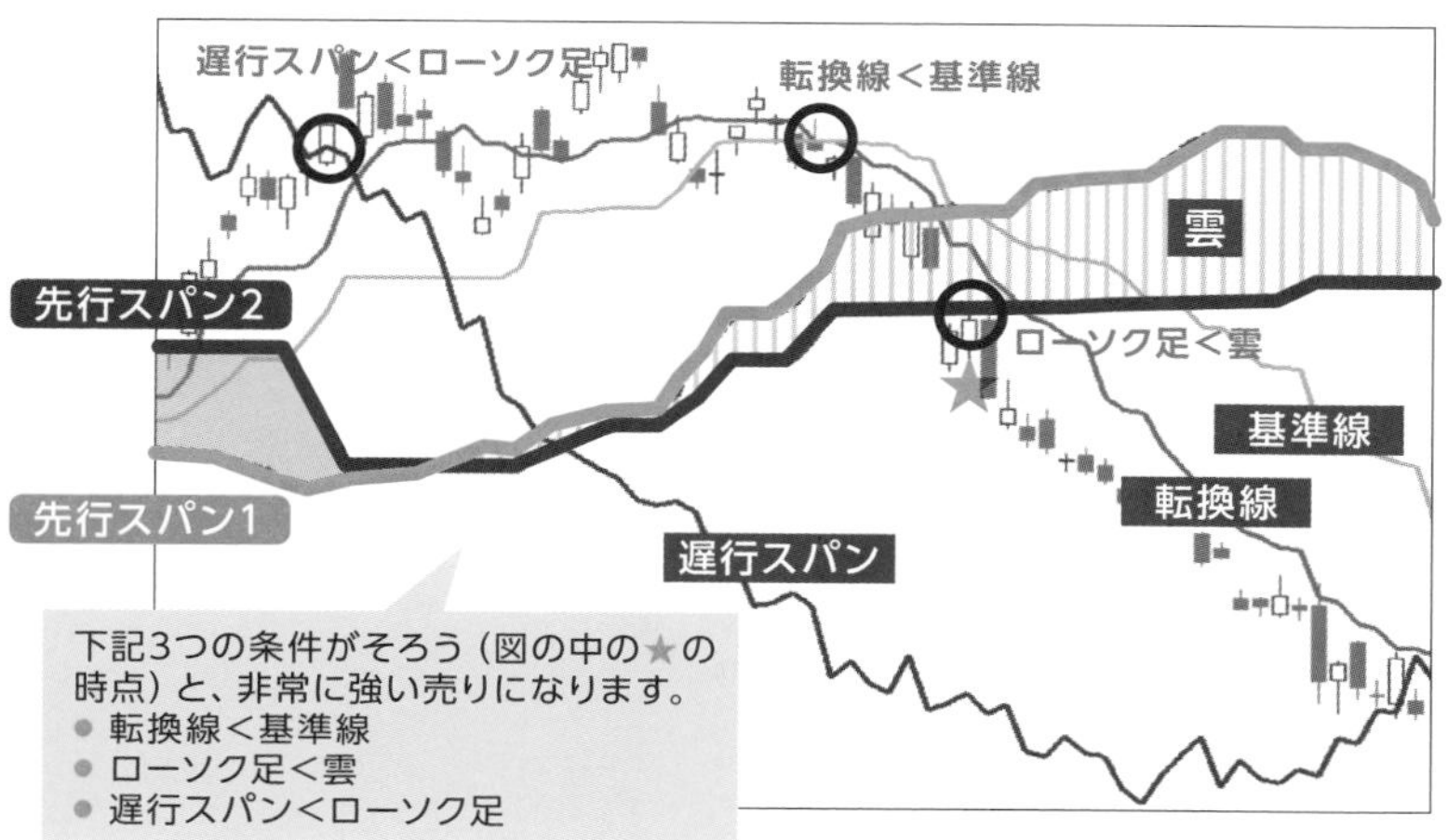
遅行スパン＜ローソク足
転換線＜基準線
雲
先行スパン2
ローソク足＜雲
基準線
転換線
先行スパン1
遅行スパン
下記3つの条件がそろう（図の中の★の時点）と、非常に強い売りになります。
● 転換線＜基準線
● ローソク足＜雲
● 遅行スパン＜ローソク足

一方、三役逆転の3条件は次の通りです。

●「**転換線＜基準線**」…転換線が基準線を下抜く
●「**ローソク足＜雲**」…ローソク足が雲を下抜く
●「**遅行スパン＜ローソク足**」…遅行スパンがローソク足を下抜く

ちなみに、三役逆転を「三役暗転」と表現する場合もあるようです。

強い売買シグナルとされる三役好転と三役逆転ですが、出現の条件が厳しいために頻繁には見られません。また、出現を見つけるのも大変です。諦めることなく、一目均衡表を根気よく眺めていきましょう。まずは、一目均衡表の3つの活用法と雲の特徴をつかむことが活用の早道です。以上のように複雑に見える一目均衡表も一定のパターンがありコツをつかめばこの上ない相場の判断材料になります。また、その特徴は日足チャートにおける短期のトレンド分析に適しており、一目均衡表は株式だけでなくFXでも幅広く使われています。

POINT!

一目均衡表は文字通り、一目で相場の方向性を見極めることができ、幅広い投資家から支持を集めているテクニカル指標です。

RSI

投資とダイエットは似てる

太り過ぎたら痩せたくなるし、
ダイエットし過ぎたらリバウンドしてしまうもの。
株やＦＸも行き過ぎたら
「売られ過ぎ」「買われ過ぎ」のサインが点滅します。

Part 9

正月休みは
やっぱり
ダイエット！

うぉお おおお

RSI

一、二、三、四

ちょっと
太ったから
来月までに
5キロ減らすわ

からーん…

昨日は
いっぱい飲んだし
今日は糖質ダイエット

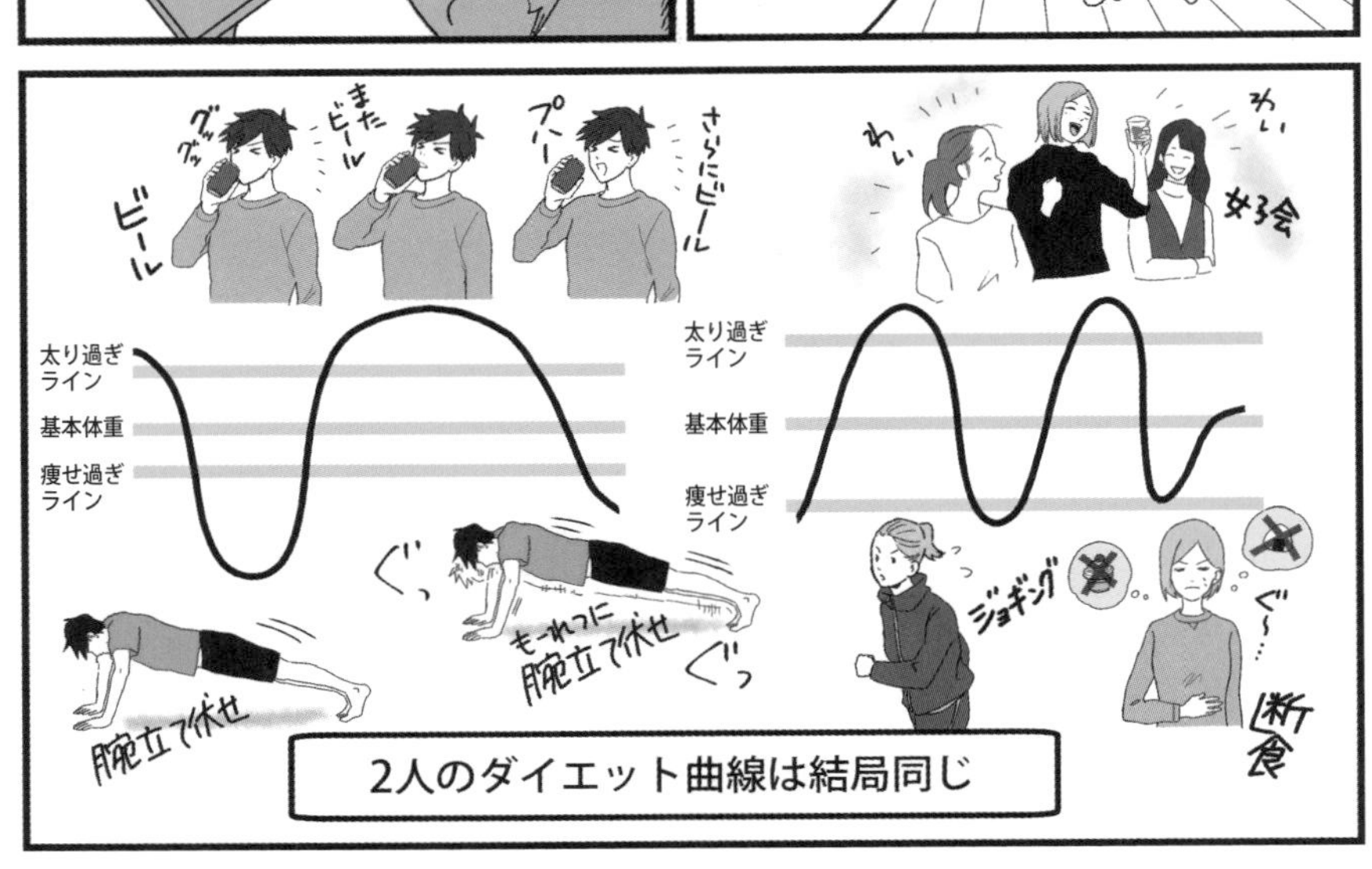

RSIとは？

「オシレーター系」で最も有名なテクニカル指標です。ダイエットにリバウンドが付き物のように、行き過ぎた値動きには調整や反転が付き物。そのタイミングを教えてくれます。

スープも相場も適温が一番？

人には、様々な好みがあります。かず流のようにちょっとふくよかな女性が好みの男性もいれば、痩せた男性が好きという女性もいるでしょう。とはいえ、あまり太り過ぎたり痩せ過ぎたりしてしまうと、今度はその人の健康面が心配になってしまいますよね。何事も度を越さず、長い目で見ればその人の体に合った体重のほうが安心できるかもしれません。

それは相場や株価についても同じです。相場用語に「ゴルディロックス相場」（＝適温相場）というものがあります。これは、過熱もせず、かといって冷え込んでいるわけでもない適度な状態にある相場のこと。このような状態が株式相場にとっても投資家にとっても心地よいといえるのではないでしょうか。ちなみにこのゴルディロックス相場という語は、童話『三びきのくま』に登場するゴルディロックスという少女が熱いスープ、適温のスープ、冷たいスープの中から適温のスープを選んだというストーリーに由来しているそう。やはり口に入れてすんなり喉を通る適温のスープがうれしいですよね。

売られ過ぎ、買われ過ぎを判断するテクニカル指標

Ｐａｒｔ９で紹介するのは「ＲＳＩ（アールエスアイ）」というテクニカル指標です。「Relative Strength Index」の略で、日本語では「相対力指数」と呼ばれます。ある一定期間内の相場の動きが、相対的に「買われ過ぎ」なのか「売られ過ぎ」なのかを判断する、オシレーター系テクニカル指標の代表格です。数多くのテクニカル指標を生み出したミスターテクニカル分析、米国のＪ・Ｗ・ワイルダーによって１９７０年代後半に考案されました。

ＲＳＩを算出するための計算式は次の通りですが、特に覚える必要はありません。買われ過ぎ、売られ過ぎ、あるいはどちらでもないのかさえ読み取れればＯＫです。

計算式

❶ **RS**＝（n日間の終値の上昇幅の平均）÷（n日間の終値の下落幅の平均）

❷ **RSI**＝100－{100÷（RS＋1）}

ＲＳＩを考案したワイルダーは、日足ベースの場合は一定期間（ｎ日）の設定を14日が最

適としていますが、9日、22日、42日、52日に設定することもあります。週足ベースだと、9週か13週です。ただ、これが絶対の正解という期間はありません。RSIの効果が最大限発揮される期間であれば、それが正しいといえるからです。もっとも、期間をいじるのはテクニカル分析の中級~上級者向け。ネット証券のトレードツールなどで見られるRSIも、最初は14日と14週に設定されているケースが多いでしょう。最初は、それをそのまま使って構いません。

RSIは相場の買われ過ぎ、売られ過ぎをチェックするオシレーター系指標の代表格!

逆張り投資のための指標

RSIは0%から100%の間で推移します。0%に近付くほど相場は弱く、反対に100%に近いほど相場が強いと判断することが可能です。見方は非常にシンプルで、買われ過ぎ状態への突入が売りポイントとなり、反対に売られ過ぎ状態への突入が買いポイ

● RSIの見方

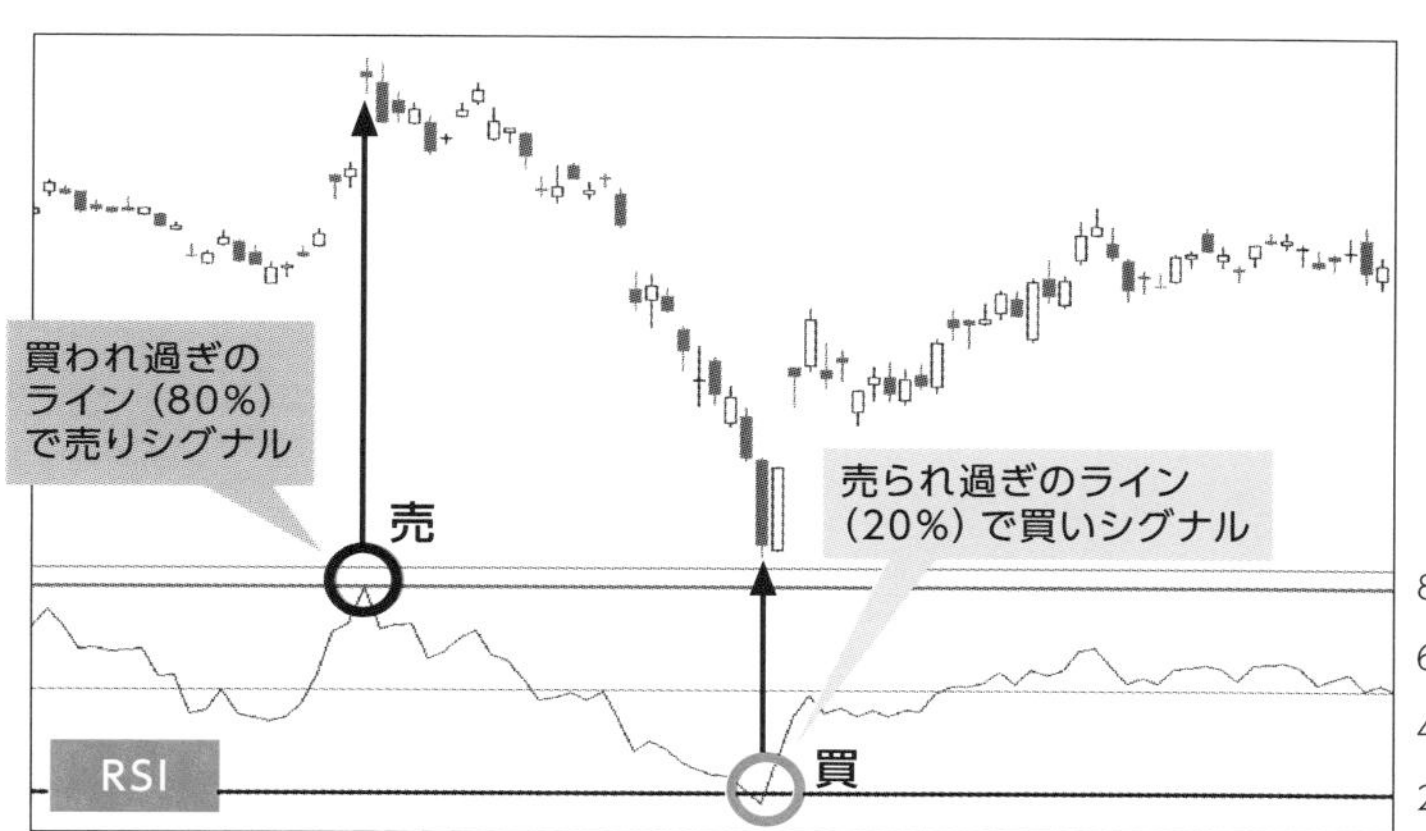

ントとなります。RSIは、足元の値動きの状態とは逆の投資行動をとるための指標、つまり「逆張り」のための指標です。

基本的には、RSIが70%を超えると相場が過熱状態（買われ過ぎ）にあり、30%を下回ると冷却状態（売られ過ぎ）と判断します。ただし、株価のストップ高やストップ安が連続するような相場が急激に動いているときなどには、80%以上を買われ過ぎライン、20%以下を売られ過ぎラインと判断するケースもよくあります。また、80%を超えても株価の上昇が続いたり、20%を下回っても株価が下落する、いわゆる「ダマシ」となるケースも少なくありません。

ダイバージェンス出現は投資チャンス！

ＲＳＩでは80％を超え、株価が過熱状態と判断できるのに、実際の株価は上昇を続けている……。これも現実の相場でよく見られるケースです。Ｐａｒｔ６の「ＭＡＣＤ」のページでも取り上げましたが、こういう際にはテクニカル指標と株価が逆方向に動く現象である「ダイバージェンス」の活用が有効的です。ダイバージェンスの発生は頻度は少ないものの、その分強いシグナルになります。

左ページの図では、ローソク足チャート上で一度窓（間隔）を開けて株価が上昇した時点で、ＲＳＩが80％にタッチしていますね。ＲＳＩ上の売りシグナル出現です。ところが、株価はその後も上昇を継続。一方、株価は高値を更新しているのに上昇の勢いが弱まっているため、ＲＳＩ自体はジリジリと下がり始めています。これがＲＳＩ上のダイバージェンス現象です。この現象発生後は下落に転じる可能性が高いため、売りと判断できます。もちろん、逆に相場が下がっているときの大底となるポイントの見極めにも有効です。ダイバージェンス出現は、それまでのトレンドが転換する有力なシグナルになります。

● RSIのダイバージェンス

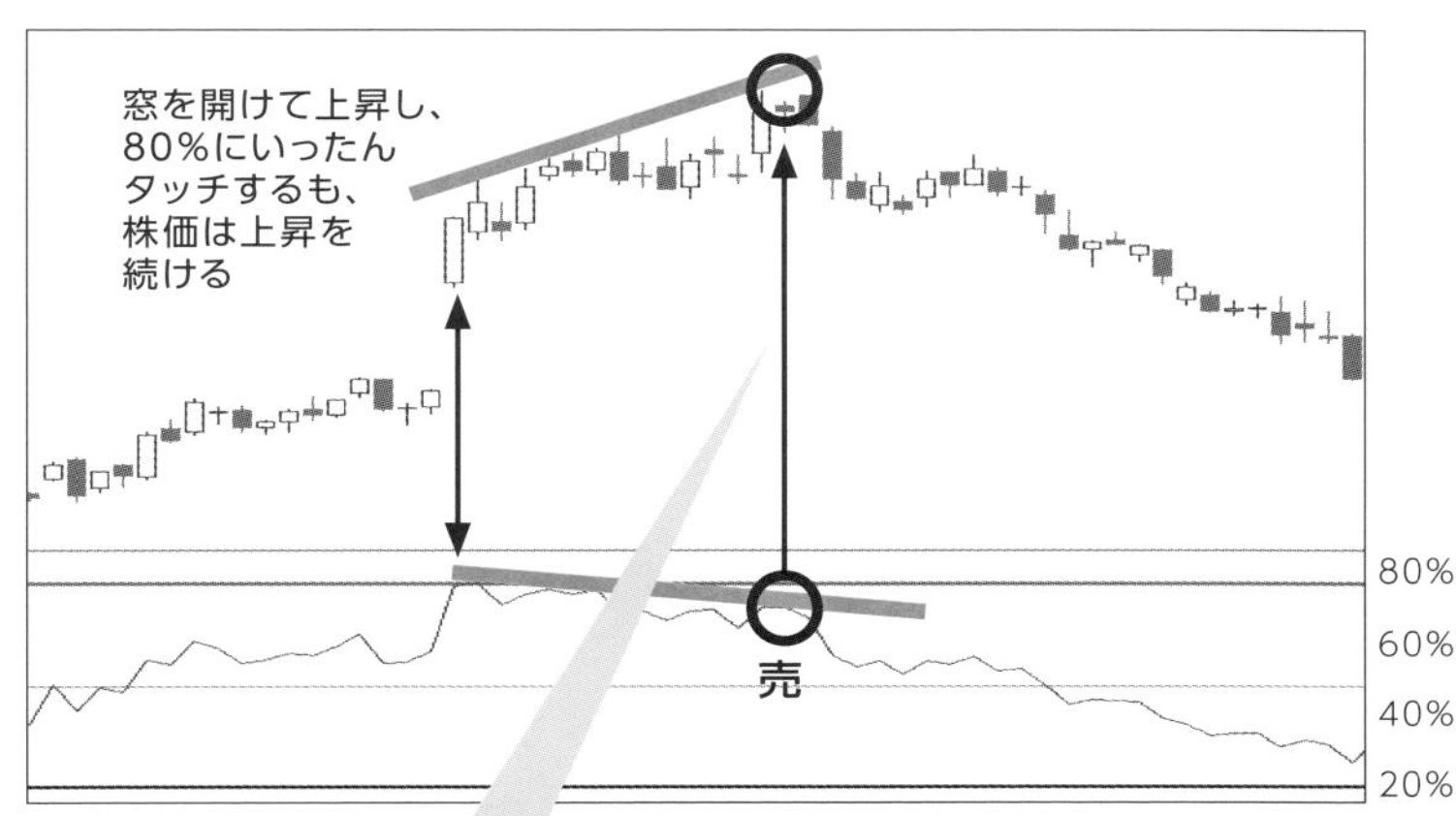

ローソク足チャートは直近の高値を更新。その一方で、RSIは高値を更新せずダイバージェンス（逆行現象）が発生したため、売りと判断できる

強めのトレンド発生時にダマシが出るのが弱点

ただ、RSIにも弱点があります。RSIは株価の値動きが横ばいだったり、一定のレンジ内で推移していたりするときの的中率は高い一方で、上下に強いトレンドが出ると的中率が下がる点です。この場合、RSI上で売買のシグナルが出ていたとしても、トレンドの勢いが止まらず、そのまま上昇あるいは下降を続ける「ダマシ」になることがあるわけです。このダマシによる誤った判断を避けるためにはどうすればいいのでしょうか。それは、RSIの弱点を補うテクニカル指標を同時にチェックすることです。お勧めは

Ｐａｒｔ６で紹介したＭＡＣＤ。ＲＳＩとＭＡＣＤは非常に相性がよく、併用することで互いの弱点を補うことができます。それは、ＲＳＩがボックス相場に強く、急激なトレンド発生時に弱いのに対して、ＭＡＣＤはトレンド発生時の分析に優れ、ボックス相場では有効度が下がる指標だからです。

ボックス相場時はＲＳＩ、強いトレンドが発生しているときにはＭＡＣＤを活用して売買タイミングを見極めることで、どのような相場のときにも有効度の高い売買シグナルを活用できるため、トレードの幅が広がります。

RSI上のダイバージェンス出現は投資チャンス！弱点をMACDで補うとトレードの幅が広がります。

2つの指標上の同時シグナル発生に注目！

ＲＳＩとＭＡＣＤの併用は、互いの弱点を補い合うだけではありません。先ほどは、

●RSIとMACDの組み合わせ

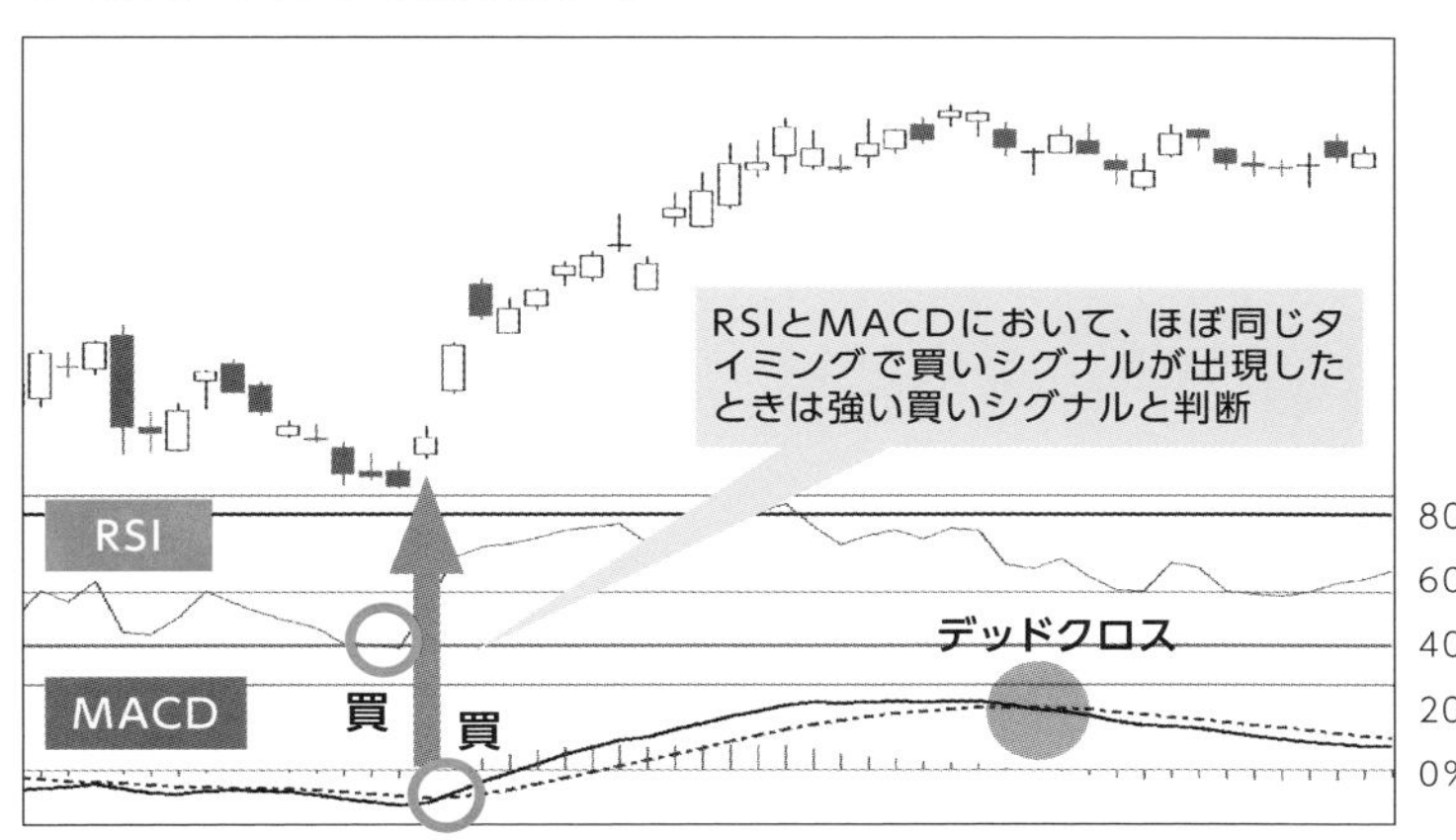

ボックス相場時はRSI、トレンド発生時にはMACDを活用する方法を紹介しましたが、この2つの指標上で同時に買いシグナルが出現することもあります。

上の図では、RSIとMACDの両方でほぼ同時に買いシグナルが出現していますね。ひとつの指標では有効度が低くても、トレンド系のテクニカル指標とオシレーター系のテクニカル指標でほぼ同時に買いシグナル出現となれば、やはり的中率はグッと上がるでしょう。上の図でもほぼ同じタイミングで買いシグナルが発生した後、株価は下降トレンドを脱し、大きく上昇しています。このチャート上では説明していませんが、株価は急上昇した後、横ばい相場に突入しています。ＲＳＩが80％のラインを超えたあたりで株価の上昇トレンドがストップ。ＭＡＣＤでは、横ばい相場に突入した後にかなり時間がたってから、デッドクロスが出現していますよね。ＭＡＣＤ自体もジリジリと右肩下がりになっていますが、実際には下降トレンド発生とはなっていません。

かなり狭いレンジ内での値動きになっているため、ＲＳＩでも有効な売りのシグナルは出ておらず、この２つのテクニカル指標では、その後の横ばい相場には対応できていないことになります。

こういうケースでは、無理に売買する必要はありません。「休むも相場」という相場格言のように、トレードをせず放置しておくのも一手です。テクニカル分析による売買では、あいまいなシグナルでトレードする必要はありません。明確な買い・売りのシグナルが出現したときだけトレードすればいいのです。

RSIとMACD上での同時シグナル出現は的中率アップ！明確なシグナルが出現していないときは「休むも相場」です。

● スローストキャスティクス

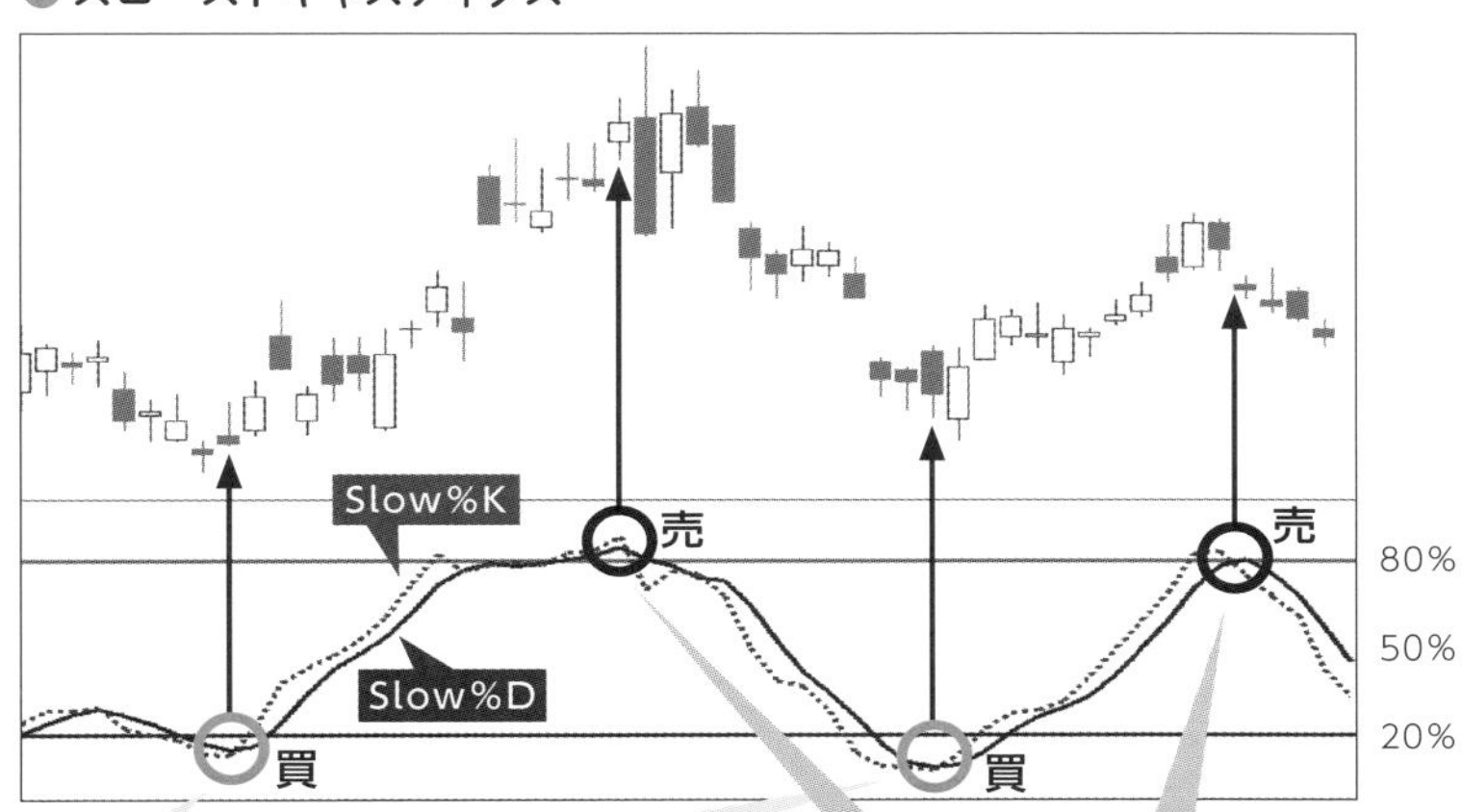

売買シグナルになるストキャスティクス

ここでRSIとは別に、もうひとつのオシレーター系テクニカル指標を紹介しましょう。「ストキャスティクス」です。RSIと同じように相場の買われ過ぎ、売られ過ぎを判断する指標で、1950年代に米国のチャーティスト、ジョージ・レーンによって考案されました。RSIと並んで多くの投資家に支持されているテクニカル指標で、「ストキャス」と略して呼ばれることもあります。

ストキャスティクスには、「%K」と「%D」という2本のラインで描かれる「ファストストキャスティクス」（早口言葉みたいですね）と、それらの移動平均を使った「Ｓｌｏｗ％Ｋ（％Ｄ）」と「Ｓｌｏｗ％Ｄ」という2本のラインで描かれる「スローストキャスティクス」があります。ファストストキャスティクスは、その名の通り相場の動きに敏感に反応し、売買シグナルが頻繁に出ます。短期投資向きといえますが、ダマシも多いのが難点です。

スローストキャスティクスは、やはり名前の通りゆっくりとしている分、ファストストキャスティクスよりは売買シグナル出現の頻度は減ります。が、その分ダマシも減ります。スローストキャスティクスは、ファストストキャスティクスの欠点を補うために考案されたものですが、一般的にはスローストキャスティクスを利用するケースが多くなっています。ここでは、そのスローストキャスティクスの見方を解説していきましょう。

ゴールデンクロス、デッドクロスが出現！

ストキャスティクスもＲＳＩと同様、パーセンテージで表示され、その水準によって「買われ過ぎ」「売られ過ぎ」を判断します。ストキャスティクスの２本のラインが80％以上であれば買われ過ぎ、20％以下なら売られ過ぎと判断します。

ＲＳＩと違うのは、ＲＳＩが1本のラインなのに対し、ストキャスティクスが2本のラインで描かれる点です。勘のいい方ならお気付きかもしれませんが、2本のラインということは、そのラインが交差するポイントがあるということ。Ｓｌｏｗ％ＫのラインがＳｌｏｗ％Ｄのラインを下から上に抜けるゴールデンクロス時が買いポイント、Ｓｌｏｗ％ＫのラインがＳｌｏｗ％Ｄを上から下に抜けるデッドクロス時が売りポイントになります。

ストキャスティクスはスローを使うのが一般的。ゴールデンクロス、デッドクロスの出現が売買のシグナルです。

複数のテクニカル指標の併用がお勧め

ストキャスティクスには2本のラインのゴールデンクロスとデッドクロスが売買ポイントとして現れますが、ＲＳＩと比べると売買シグナルが多く出現するのが特徴です。そのため売買シグナルの「ダマシ」も多いのが難点。RSI以上に、一方向に相場のトレンドが大きく傾いているときには、80％を大きく超えていても株価上昇が続いたり、20％以下でも下落が続くケースがあります。

ダマシを避けるには、やはりほかのテクニカル指標を同時にチェックするようにしましょう。ストキャスティクスもRSIと同じように、トレンド系のテクニカル指標であるMACDとの併用が有効とされていますが、ほかにもPart7で紹介したボリンジャーバンドや、Part8で紹介した一目均衡表との併用も有効です。また、同じオシレーター系であるRSIとの併用もありです。

ちなみに、同じオシレーター系のテクニカル指標であるストキャスティクスとRSIのどちらが〝使える〟かについては判断が難しいところです。というのも、相場の状態や銘柄によって、どちらがより有効なのかが変わってくるからです。Part6でも述べたように、両方の指標を比べてみて、その銘柄ではどちらがより適切な売買タイミングのシグナルが出ているかをチェックすることが大切なのです。もし超短期のトレードをする場合は、より多くの売買シグナルが発生するストキャスティクスのほうが向いているといえますね。

完璧なテクニカル指標は存在しない！

ＲＳＩやストキャスティクスのほかにも、オシレーター系のテクニカル指標には、次の160ページで紹介しているサイコロジカルライン、ＲＣＩ（順位相関指数）、移動平均線カイ離率などがあります。オシレーター系の指標として絶対に押さえておきたいのはＲＳＩとストキャスティクスなので、ここではほかのオシレーター系指標の詳細は省きますが、どれも一長一短があります。当たり前ですが、完璧なテクニカル指標は存在しないのです（そんなものがあったら、誰でも株で大金持ちになれますよね）。

何度も指摘してきましたが、相場の状態や個別銘柄によって、適切なテクニカル指標は変わってきます。ここに挙げた指標をすべて掘り下げる必要はありません。トレンド系、オシレーター系でそれぞれ2つか3つ程度、チェックすることを心がけましょう。

オシレーター系ではＲＳＩとストキャスティクスをチェック。重要なのは、どの指標により適切なシグナルが出現しているかです。

● サイコロジカルライン

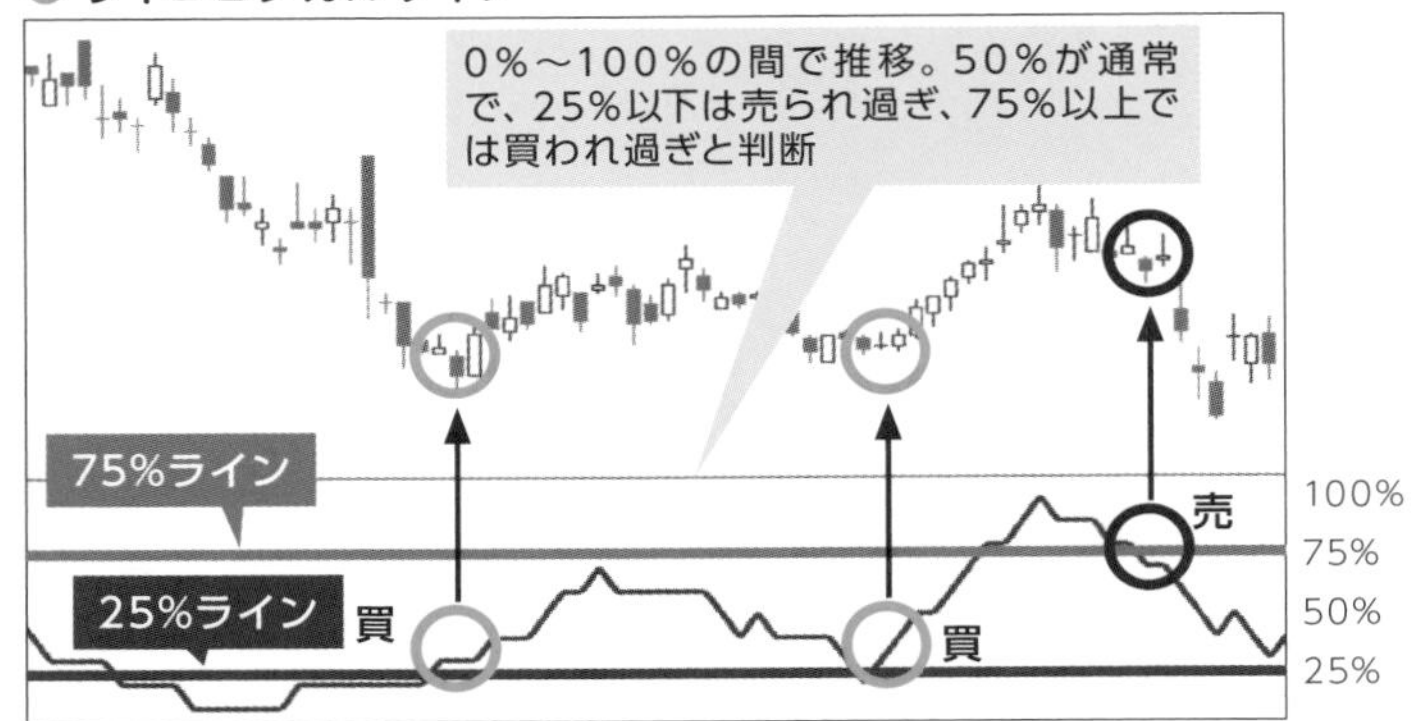

● RCI（順位相関指数）

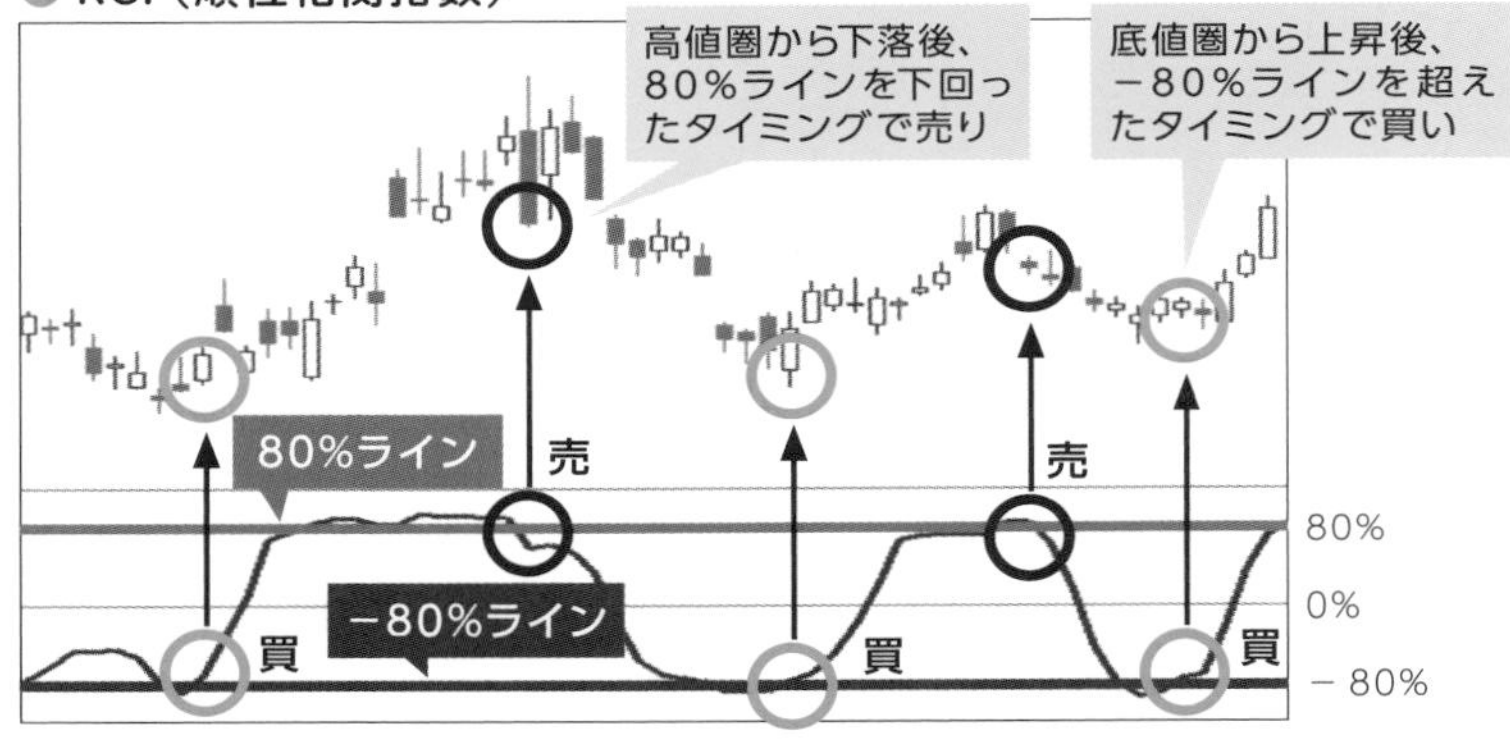

● 移動平均線カイ離率

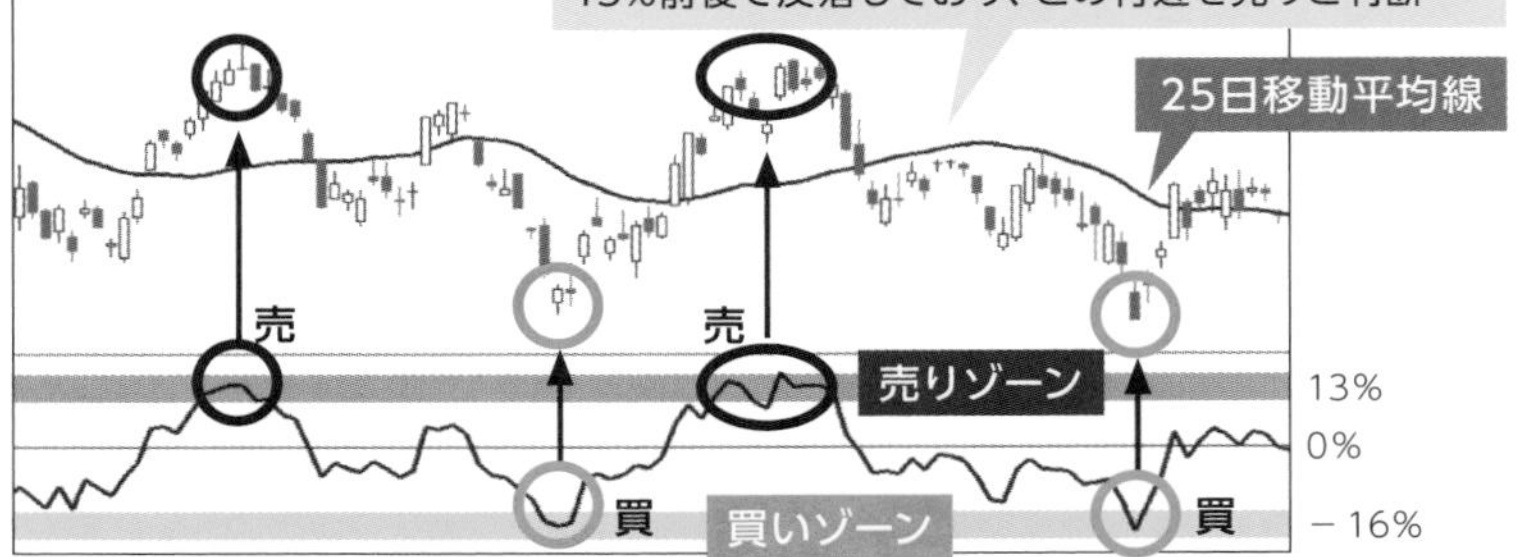

日足チャートに25日移動平均線を表示し、下段には25日移動平均線カイ離率を表示。マイナス圏における乖離率が−16%前後で反転しており、この付近を買いと判断。また、プラス圏におけるカイ離率が13%前後で反落しており、この付近を売りと判断
25日移動平均線
売
売
売りゾーン
買いゾーン
買
買
13%
0%
−16%

Part 10

フィボナッチ

あなたを操る美の女神

自然界には、居心地のよい水準や比率があります。
ミロのビーナスやピラミッドも
すべてこの比率でつくられているとか。
株価の居心地のよい水準とは…

フィボナッチ

はあ
このコロナの
おかげで
全然出歩け
なかったけど
入会募
スポーツジム 24
やっと
いつも通っている
スポーツジムも
再開したし
そろそろ
体力戻さないと

まったく体動かして
なかったけど
そういえば
ランニングマシンで
10㎞は走っていたなあ
余裕!

さて
どれぐらい
走れるかなあ
ピ

ゼ…
きっつい…

はあはあはあ
全然走れない
今日は3・82㎞で
ダウンだ
やっぱり
半年間の
ブランクは
結構きついなあ
ずーーーん

よーし
今日はもっと
走れるように
頑張るぞ!
次の週

5㎞
はあはあはあ
何とか5㎞
走れたぞ

半分は戻せたなあ
でもめちゃくちゃ
疲れた(泣)
シャワー室
とぼ
とぼ

フィボナッチとは?

株やFXなどの値動きは投資家の心理や感情で決まるため、人間の審美眼からも多大な影響を受けます。値動きを裏で支配する「フィボナッチの黄金比率」はとても役立ちます。

自然界の多くのものに当てはまる不思議なフィボナッチ数列

「フィボナッチ数列」という言葉を聞いたことはありませんか？　中世の13世紀で最も才能があったと評価される、数学者のレオナルド・フィボナッチが紹介した数列のことです。フィボナッチ数列は、１、１、２、３、５、８、13、21、34、55、89、１４４、２３３……の数字の配列で、共通するのは「どの数字も前の２つを足した数字」になるということです。

実はこの数列、自然界にたくさん潜んでいます。例えば、花びらの枚数は花の種類によっても異なりますが、１枚や２枚、３枚や５枚の花弁でできている花はたくさんあります。ヒマワリの花は13枚の花びらで構成されていますが、13という数字もフィボナッチ数列に当てはまります。とても不思議な数列なのです。

数学者のフィボナッチは、つがいのうさぎから子供が増えていく様子を観察し、この数字の配列を発見したとされていますが、フィボナッチ数列に関しての詳しい説明はここでは割愛します。ご興味のある方は、「グーグル先生」などに聞いてみてくださいね。

人間が最も美しいと感じる「1対1・618」の関係

一方、古代ギリシャの数学者であるエウドクソスが発見したのが、「黄金比」と呼ばれる比率です。黄金比は、古来より人間が最も美しいと感じる比率で、ギリシャのパルテノン神殿の建設にもこの黄金比が使われたそうです。黄金比は、とても難しい計算式で算出されているのですが、人間が最も美しいと感じる比率が「1対1・618」ということを覚えておいてください。正確な黄金比は、「1対1・6180339888……」というように、数学の円周率と同じで小数点以下が限りなく続きます。

パルテノン神殿だけでなく、ミロのビーナスやレオナルド・ダ・ビンチのモナリザ、エジプトのピラミッド、パリの凱旋門(がいせんもん)、さらには私たちに身近な名刺などにもこの比率は使われているそうです。

そして、フィボナッチ数列と黄金比の関係ですが、フィボナッチ数列の隣合う2つの数の比は、黄金比に限りなく近付いていくのです。

フィボナッチ・リトレースメント活用法

ここまでフィボナッチ数列と黄金比を簡単に説明してきましたが、要は自然界で最も美しく居心地のよい比率が「1対1・618」に代表される比率で、実は株価の変動もこの比率に従って動くことが多いのです。最も投資家に利用されているのが「フィボナッチ・リトレースメント」です。リトレースメントは「戻り」の意味であり、株価の戻りの目安の判断としたり、価格帯の中での下値支持線（サポートライン）、上値抵抗線（レジスタンスライン）として利用されています。

フィボナッチ・リトレースメントでは、フィボナッチ比率に基づいた23・6％、38・2％、50％、61・8％と、補足的に76・4％の水準がよく用いられます。ネット証券などのチャートツールを使って、計測期間の最高値もしくは最安値を始点、終点と決め、フィボナッチ・リトレースメントをセレクトします。すると、その価格差をベースにして重要なフィボナッチ比率をチャート上に示してくれます。そして、チャート上に示された価格で株価の反発度合いを予測していくのです。

● 株価にも意識される黄金比

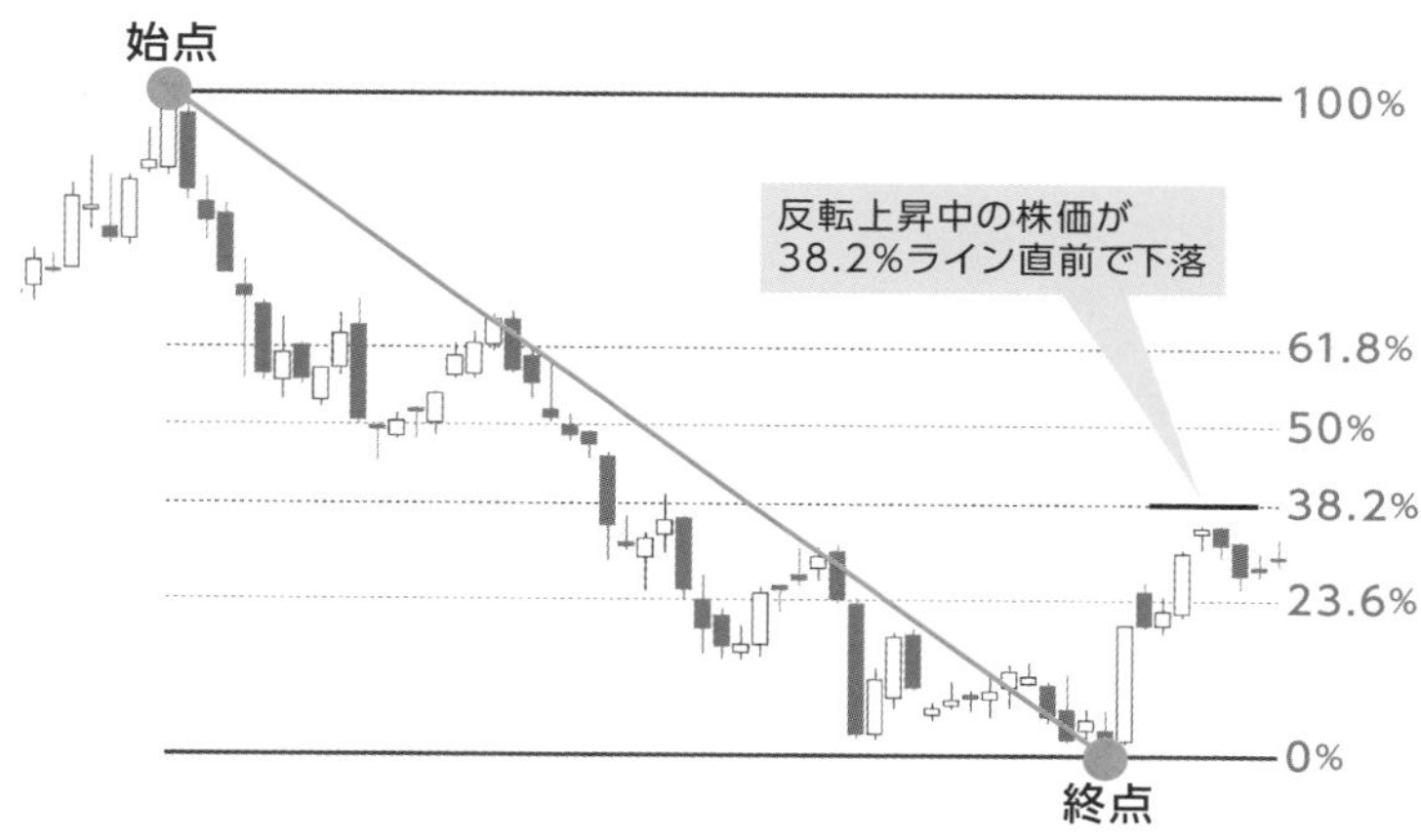

一般的な使い方としては、終点を0%として、戻りのメドを23・6%ラインに置きます。次の戻りのメドを38・2%ラインとし、さらにその次を50%ラインとします。ここまでくると半値戻しとなり、その次は61・8%ラインをターゲットとし、最後に全値戻しである100%ライン（始点）を意識します。

また、上図のように38・2%ラインを目前に株価が下落に転じた場合は、23・6%ラインが下値支持線として機能し、株価の下落がこのあたりで止まる可能性が意識されます。

POINT!

「半値戻しは全値戻し」という相場の格言がありますね。

テクニカル分析は奥が深い。新たな発見もあるかも！

フィボナッチ数列や黄金比率を活用したテクニカル分析には、フィボナッチ・リトレースメント以外に、相場の動きを時間軸からフィボナッチ数列で計算する「フィボナッチ・タイムゾーン」や、ある価格からトレンドラインを引き、そのラインを割った後、次に反転するポイントをフィボナッチ数列で予想する「フィボナッチ・ファン」、円弧（えんこ）を用いる「フィボナッチ・アーク」などがあります。興味のある方は、さらに研究をしてみてはいかがでしょうか。銘柄によっては、基本となるフィボナッチ・リトレースメントよりも、株価が素直に反応しているケースが見つかるかもしれません。

さて、ここまでさまざまなテクニカル分析をご紹介してきましたが、まだまだこれ以外にもたくさんの分析手法が存在していますし、新たな分析手法も次々と発表されています。テクニカル分析はとても奥が深く、私自身もまだまだ研究の途上です。もしも、あなたが新しいテクニカル分析を発見したときは、私にもこっそりと教えてくださいね。

「勝ってる投資家はみんな知っている」

本書では、代表的なテクニカル分析（チャート分析）を紹介してきました。どのテクニカル分析も株価の方向性やトレンドの転換点を予測するためにとても頼りになります。そして、様々なテクニカル指標を使っていくうちに、好きな指標に出合うはずです。ただ、それぞれに一長一短がありますし、「ダマシ」にも遭遇するかもしれません。そのため、本書でも触れたように、実際に投資をする際にはいくつかのテクニカル指標の併用をお勧めします。

また、例えば日足チャートでトレードをする場合でも、まずは月足、週足チャートを表示して、長期的なトレンドがどうなのかを把握したうえで投資判断を行えば、より角度の高い取引ができるでしょう。

なかには、「テクニカル分析なんて結果論だろう」と、テクニカル分析に否定的な人もいます。ただ、過去の傾向を見ながら売買を行う投資家が非常に多いのも事実です。

そのため、大勢を占める投資家の傾向を知ることはとても重要です。本書のPart1でも書きましたが、株価の動きは人気投票で決まりますから、ほかの大勢の投資家と同じ投資行動をとり、ビッグウェーブに乗ることができれば、よい結果につながります。そして、その大勢の投資家のあらゆる投資行動がチャートに表れるのです。

例えば、ほかの投資家が売りのスタンスを強めるなか、ファンダメンタルズ分析だけでは、その姿勢に気付けず、自分だけ買い向かっていくケースも出てくるでしょう。それは、やはり損失の可能性を広げる行為といわざるを得ません。

「人の行く裏に道あり花の山」という有名な相場格言があります。これは、人と同じ投資行動ばかりとっていると大きく稼ぐことはできない、時には人と違う動きをしないと大きくは稼げませんよ、という意味です。これはある意味で的を射ていると思いますが、思惑や勘などで異なる行動をとってばかりいると勝率はかなり下がってしまうでしょう。基本的には、テクニカル分析で他人の動きや傾向を感じ取ることが重要なのです。

ちなみに、私が最も信頼しているのがPart6で紹介したMACDです。特に買い場を探すときに活用しています。ただ、MACDを頼りに買った銘柄をMACDのシグナルで売ろうとした場合、売りのシグナルが遅く出てしまうために、どうしても利益が少なくなりがちです。より値幅を狙いたい場合、決済のタイミングについてはRSIなどのオシレーター系指標を利用するのもひとつの方法です。

ファンダメンタルズ分析はプロにお任せ

さて、実際の銘柄選びですが、やはり企業業績やマクロ経済指標などのファンダメンタルズもチェックしておくべきだと思います。いくらテクニカル分析で買いシグナルが出ていたとしても、企業業績の悪化などによって会社が倒産してしまえば、その株式は上場廃止となるでしょうし、株価も1円へとまっしぐら。そうなれば、せっかくのテクニカル分析も無駄になってしまいます。

ただ、「まえがき」にも書いたように、ファンダメンタルズ分析は、それを専門的に日々研究、分析している証券会社のアナリストなどがプロ中のプロ。彼らアナリストたちが分析した企業業績などの情報は、投資家向けに「レポート」や「セミナー」形式で公開されています。

個人投資家自身でも分析することはできますが、特に分析する時間がない場合などは、アナリストたちが日々の研鑽の末に書いたレポートなどを参考にすればいいのです。それによって将来的に有望な銘柄を発見したら、これまで紹介したテクニカル分析を活用して、買い場や売り場を探っていくのです。

せっかくのテクニカル分析を邪魔するのは自身の感情

最後にメンタルの話について触れておきましょう。投資では、損失をできるだけ少なくし、利益を最大限に伸ばす「損小利大」の考え方が大切です。しかし、多くの投資家は損失が出ている場合には、損切りをためらってしまいがちです。

一方、利益が出ている場合には、早く決済して利益を確保したくなってしまいます。その結果、小さく何度も積み上げてきた利益を1回の大きな損失で吹き飛ばしてしまうのです。いわゆる「コツコツドカン」という現象で、人はお金が絡むと合理的な判断ができなくなってしまいます。

ノーベル経済学賞を受賞した行動経済学者ダニエル・カーネマン氏と共同研究者のエイモス・トベルスキー氏が、１９７９年に提唱した学説に「プロスペクト理論」というものがあります。プロスペクトとは、予想や期待という意味で、本来、予想または期待される損失や利益、確率によって人々がどのような行動をとりやすいかをモデル化したものです。従来の経済学では、人々は必ず経済的合理性がある行動をとることが前提になっていますが、実際はそうではありません。

例えば、次の２つの選択肢があった場合、あなたはどちらを選びますか？

①今すぐに10万円がもらえる。
②80％の確率で15万円をもらえるが、20％の確率で何ももらえない。

この場合、多くの人は①を選ぶ傾向にあります。では、次の選択肢の場合はどうでしょうか？

③今すぐに10万円を支払う。
④80％の確率で15万円を支払うことになるが、20％の確率で支払う必要はない。

この選択肢の場合、多くの人は④を選ぶ傾向にあります。しかし、期待値で考えた場合、最初の選択肢①と②では、①の期待値は10万円（10万円×１００％）、②の期待値は12万円（15万円×80％）となり、②を選んだほうが経済合理性で勝っていることになります。一方、２つ目の質問では、③の期待値はマイナス10万円（マイナス10万円×１００％）、④はマイナス12万円（マイナス15万円×80％）となり、③を選択したほうが有利となります。

これを株式投資に当てはめると、最初の選択肢では「まだ上昇の余地があるのに早々と利益確定を行い」、次の選択肢では「まだ下がる可能性が大きいのに損切りを行わずに保有し続ける」ということになるわけです。

ここでいいたかったのは、テクニカル分析に従って忠実に売買を行うべきなのに、自分の感情や根拠のない期待が邪魔をして、本来とるべき行動とは逆の行動をとって

しまいがちだということです。このあたりを十分に理解し、テクニカル分析を駆使して、相場を勝ち抜いてください。

私はテクニカル分析の有効性を広げるべく、個人投資家のみなさんに対して啓蒙活動を続けています。その結果、「テクニカル分析のおかげで投資の成績が上がった」との声を多くいただいています。こうした成功体験は、私にとって何よりもうれしいものです。テクニカル分析は、日本株はもちろん、世界中から注目が集まる米国株、FXや暗号資産、株価指数先物、商品先物など、あらゆるトレーディング商品に応用できます。

本書を執筆するにあたり、私自身もいま一度テクニカル分析と向き合うことになり、そのおかげでテクニカル分析の重要性を改めて感じることができました。本書を読むことで投資家のみなさんの投資パフォーマンスが上がれば、私も大変うれしく思います。みなさんの勝率アップを願って。

2021年2月吉日　福島 理

著者紹介

マネックス証券 マネックス・ユニバーシティ

福島 理 Tadashi Fukushima

1974年千葉県生まれ。大学卒業後、大手印刷機械メーカーに入社。ITバブル崩壊後の2000年から投資を始める。失敗を受けて独学でテクニカル分析を学び、成績を大幅なプラスとすることに成功。2005年、証券業界に転身。自らの投資経験に基づき、個人投資家にテクニカル分析を中心とした啓蒙活動を行う。現在はマネックス・ユニバーシティ室長として投資教育に従事。金融系テレビ、ラジオ番組への出演のほか、雑誌やWEBメディアでコラムを執筆中。日本テクニカルアナリスト協会　国際認定テクニカルアナリスト（CFTe）。

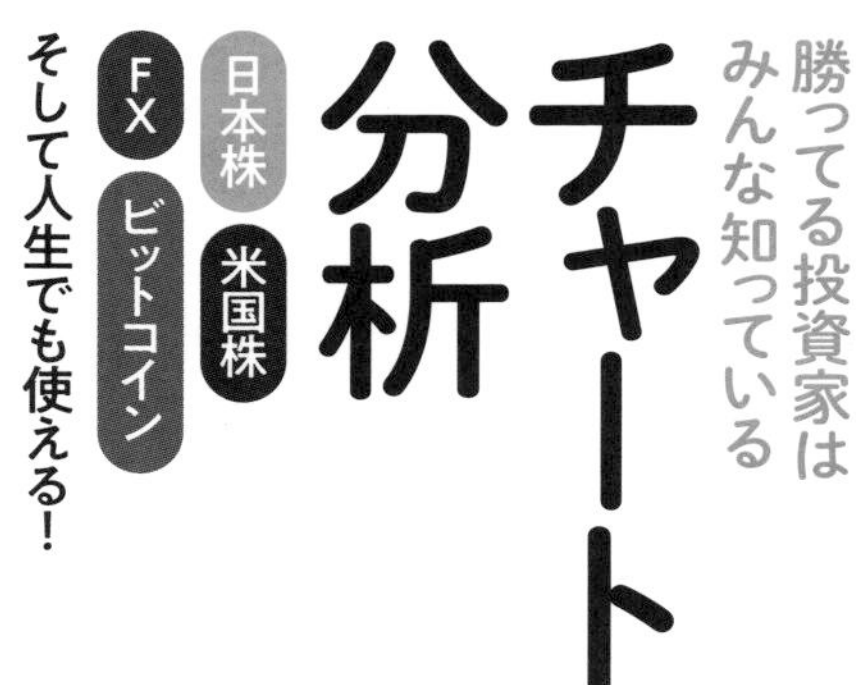

発行日　2021年3月20日　初版第1刷発行
　　　　2024年4月10日　　　第10刷発行

著　者　福島 理

発行者　小池英彦

発行所　株式会社扶桑社
〒105-8070
東京都港区海岸 1-2-20 汐留ビルディング
電話　03-5843-8842（編集）
　　　03-5843-8143（メールセンター）
www.fusosha.co.jp

印刷・製本　サンケイ総合印刷株式会社

●カバーイラスト・本文マンガ
なかがわみか
●デザイン・DTP制作
村上麻紀
●編集協力
株式会社フォレスター
●チャート提供
マネックス証券
●編集
大上信久（扶桑社）

ISBN 978-4-594-08717-3